이혜복 수필집

다르니 다행

소소21

다르니 다행

이혜복 수필집

1판 1쇄 인쇄/ 2024년 10월 25일
1판 1쇄 발행/ 2024년 10월 30일

지은이 / 이혜복
펴낸이 / 우희정
펴낸곳 / 도서출판 소소리

등록 / 제300-2007-21호
주소 / 03073 서울 종로구 성균관로 5길 39-16
전화 / 765-5663, 010-4265-5663
e-mail: sosori39@hanmail.net

값 15,000 원

*잘못된 책은 바꿔드립니다.

ISBN 979-11-5891-206-2   03810

*이 도서는 춘천문화재단 후원으로 발간되었습니다.

다르니 다행

이혜복 수필집

책을 내면서

 글 쓰는 일이 집 짓는 일로 여겨질 때가 있다. 글감을 구상하며 나에게 적합한 자재를 고민하는 일, 기초를 설계하며 터를 다지는 일, 튼튼하게 골조를 세우는 일이 그러하다. 취하고 버려가며 결국은 마침표를 향하는 일로 나만의 집짓기는 진척과 허물어짐을 반복한다.
 영상마저 짧은 게 대세인 시대를 살면서 이런 작업은 결코 수월하지가 않지만 어느 한 과정이라도 소홀히 하는 일은 날림으로 집을 짓는 것이라는 고민에 글쓰기가 더욱 어려워진다. 내일이면 흔적조차 없어질지도 모르는 벽을 세울 궁리로 갸우뚱거린다. 내가 바라는 집은 남들이 동경하는 으리으리한 집도 아니고, 자고 일어나면 우후죽순 생기는 그런 집은 더욱 아니기에 나만의 집짓기는 가끔 외로울 때도 있다.

눈에 보이진 않았지만, 변화무쌍한 터널을 통과해 있었다. 그동안 써놓은 수필이 제법 되었을 때 나의 미진한 걸음걸이를 톺아볼 수 있었다. 경계선 없는 희망과 절망 사이를 아슬아슬 통과할 때마다 흔들리던 자국들이 부끄럽지만 더 나은 집을 위한 디딤돌이 되리라 믿는다.

첫 수필집을 준비하던 그 무렵도 이맘때였다. 그래서일까. 작년에 영면하신 하서 선생님이 부쩍 그리운 날들이었다.

2024년 가을을 반기며

저자 **이혜복**

· 차례

· 책을 내면서 ─ · 저자

1. 다르니 다행

항아리를 달라는 손님 ─ · 12

고집 ─ · 16

균형 잡기 ─ · 20

기다립니다 ─ · 24

큰일의 포로 ─ · 28

뉴스에 대하여 ─ · 32

다르니 다행 ─ · 36

뒤늦은 편지 ─ · 41

집 나온 길치 ─ · 45

겨울 전시회 ─ · 51

2. 아버지 자리

장승제 — · 56

못 본 척 — · 60

금빛의 부담 — · 64

불 조절 — · 67

비움과 채움 — · 71

춥지 않은 계절 — · 75

선입견 — · 79

소소해도 괜찮아 — · 83

아버지 자리 — · 86

'반려'의 무게 — · 90

3. 경춘선

한글 주인은 누구인가 ― · 94
경춘선 ― · 99
들을 수 있을까 ― · 105
호미, 드디어 날다 ― · 110
또 다른 소외 ― · 114
머윗대 ― · 118
꼬마 손님 ― · 123
혼밥하는 당신에게 ― · 128
황골 엿 ― · 132
억새의 기억 ― · 137

4. 만두를 빚으며

불편한 상상 ― · 142

자리 ― · 146

만두를 빚으며 ― · 150

셋째 큰댁 ― · 154

옥수수수염 거뭇해지면 ― · 159

잉여의 불편 ― · 164

전원 일기 ― · 170

젊은 오이 ― · 174

퍼즐 ― · 178

해맞이처럼 ― · 182

5. 나비의 겨울밤

엄마와 시간을 ─ · 188

자발적 구속 ─ · 192

첫 손님 ─ · 196

나비의 겨울 밤 ─ · 200

기쁘지 않은 명절 ─ · 204

사랑 앵무 ─ · 208

톱니의 안전을 꿈꾸며 ─ · 212

그리운 사람 만나셨나요? ─ · 216

실향시인(失鄕詩人)의 고뇌와 망향가(望鄕歌) ─ · 220

1.

다르니 다행

항아리를 달라는 손님

 지나던 차가 서서히 멎었던 까닭은 불현듯 돋아난 호기심 탓이었을까? 염치없지만 구미 당기는 소유욕이었을까. 옛 문화에 관심이 있어서였을까. 이도 저도 아니면 장사꾼의 예리한 눈썰미였던가?
 어둠은 그날의 마무리인 듯했지만 사실은 하루의 시작이기도 했다. 아이들이 깰세라 슬그머니 문고리를 당긴다지만, 그 소리는 이제 얼마 안 있어 눈을 떠야 한다는 알람음이었다. 지치도록 꿈나라를 헤매는 어린것들이 선잠 깰세라 엄마는 엉거주춤 어둠을 짐작하며 구석으로 향했다. 배불뚝이 항아리에서 쌀 덜어내는 소리가 들릴라치면 매캐한 연기 자락도 문틈을 비집고 뒤따랐다. 뒤란 장독보다 우람해 보여 투박한 안정감을 주던 항아리와 한 시절을 같이 보낼 때, 낟알이 줄어들수록 몸이 숙여지며 나락 푸는 소리만이 더 크게 울리는 공명음이 싫지 않았다. 이제 곧 안방 아궁이에도 불이 지펴질 것이다.

구들장이 미지근해지는 걸 보면 그사이 쇠죽도 눅신해졌을 것이고 사랑방 부엌에선 산발한 수증기가 얼어붙은 새벽 공기를 달래느라 애쓸 시간이다. 가솔이나 매한가지인 소에 대한 애정은 사시사철 한결같지만, 겨울철 쇠죽가마에 잊지 않고 섞어주는 등겨 한 구박으로 가축의 우직함을 온 가족이 칭송했다. 등겨가 고봉에 못 미친다 싶으면 '일꾼 대접에 야박한 건 아닐까.' 하는 가책이 느껴져 한 번 더 퍼줄 적이 더러 있었다. 말없이 일만 하던 누렁소에게 겨울 한철은 쉬어 마땅한 나날이기에 기꺼이 하루 한 번씩 소똥을 쳤고, 볏짚을 썰어 쟁여놓고, 날 밝기 전과 해 지기 전에 쇠죽을 대령했다. 소 먹잇간 한쪽에도 항아리는 만삭으로 서 있었다. 구수한 등겨를 그득 품고는 우두커니 찬바람과 대적했다.

위아래 만만하게 보이지만 중심을 향하며 불룩해지는 부피감에, 보고 있자면 저절로 넉넉해지는 항아리다. 풍만한 외형만큼 내용물도 그러했으면 좋았으련만, 시절은 수시로 사람 키만큼 깊은 독을 들여다보게 만들었다. 기억이 안 나는 건 아닌데 한동안 잊고 있었다. 항아리에 얽힌 추억을, 함께였던 시절을…

처음 보는 낯선 이는 초면에 아랑곳없이 흥정을 해왔다. 시골집 귀퉁이에서 낡은 허수아비처럼 세월을 지치고 있는 항아리들을 대뜸 팔라고 했다. 그 말을 듣고서야 퍼뜩 항아리가 생각났다. 있는 듯 없는 듯 무던히 서 있는 오지항아리는 식구와 더불어 가축의 양식까지 갈무리해주던 요긴한 세간이었다. 덜 익은 과일을 바가지에 담아 쌀독 안에 며칠 두면 말랑말랑한 단내가 군침이 돌게 해줬고, 풋감의 떫은맛도 감쪽같이 가려주었다. 감자를 썩히는 임무를 맡았을 때면 고약한 냄새를 있는 대로 풍겨대다가도, 찬 서리 내릴라치면 땅속에 묻히길 마다하지 않았다. 겨울 양식을 책임지던 배부른 몸은 봄 되어 한껏 군내를 풍기고서야 홀가분해질 수 있었다.

눈 닿는 곳마다 보이던 산과 산의 이어짐, 거기 군데군데 사람들이 모여 마을을 이루던 내 고향뿐이겠는가. 척박한 농경민족의 삶에서 양식의 저장이란 흉년이나 변수로부터 목숨을 지키는 일이었을 텐데 애초에 항아리 노고가 컸다. 새나 쥐, 벌레로부터 사람 먹을 걸 지켜냈고, 숙성을 견뎌야 하는 축축한 원료도 쓰고 단 것, 짜고 비린 것을 묻지 않았다. 지역, 환경, 쓰는 사람에 따라 용도가 다르고 문양이나 장식이 특색 있지만, 어차피 바탕은 서민의 삶과 밀접한 실용성이다. 보고 있자면 어느 것 하나 친근하지 않은 게 없다.

두루두루 용이했던 시절을 보냈다지만 지금은 딱히 쓸모없어서 헛간 옆에 버티고 선 옹기들이다. 돈이면 뭐든 되는 요즘의 세상, 치워준답시고 푼돈이라도 쥐여주면 응당 팔겠거니 생각했던 걸까? 큰 인심 쓰듯 모두를 팔라고 회유하는 걸 들은 체 안 하니 말품만 팔다가 멋쩍게 돌아섰다.

살림나는 엄마에게 할머니는 손때 묻은 항아리를 내주셨다고 한다. 강 건너 산 너머 따라다니며 수십 년 동고동락한 물건인데, 원하지 않았건만 사연 알 리 없는 낯선 손님이 기어이 값을 매겨준다. 던져준 가격을 헤아리니 개당 갈비탕 한 그릇 값이다. 자본의 가치라는 게 때로는 헛웃음보다 가벼이 여겨지기도 한다.

모르긴 몰라도 항아린 옛날처럼 제 임무를 못 할 것이다. 아니, 할 기회가 없을 것이다. 그래도 곁에 두는 건, 성미 급한 이 시대에 옛일을 함께한 무던한 사물이 이심전심 동무가 되어서일까? 또 다른 곳에서 예스러운 물건을 흥정하고 있을지 모르는 그 사람도 분명 모르진 않을 것이다. 값 매기기 어려운 것들은 의외로 소박하고 생각보다 사소하다는 별것 아닌 이치를…

(2022년 한국수필 8월호)

고집

　　장터 한 귀퉁이에서 샀다는 그것은 책이라기보다는 인쇄물에 가까웠다. 아무도 안 살 것 같건만, 찾는 사람이 있으니 만드는 사람도 있나 보다 여기며 펼쳤다. 역서(曆書) 성격이었는데 순서대로 나열된 일 년 절기와 그에 따른 설명이 기술되어 있었다. 기껏해야 종이 몇 장이건만 종합선물 세트처럼 요런조런 내용이 알차게도 들어 있다. 빽빽하게 적힌 그것을 들추니 차례상, 제사상 차리는 법이라던가 의례에 따라 봉투 쓰는 요령 등이 부록처럼 실려 있고, '계묘년 운수 요람'이라는 장이 보너스처럼 적혀 있었다. 아직 정월이라 재미 삼아 들여다보노라니 뜬금없이 아련해지며 새로 다가온 해를 맞이한 현실이 감사하기만 하다. 일도 많고 탈도 많았던 지난해를 무사히 견뎌냈다는 안도감에 주위 사람들 얼굴이 오래전 벽지처럼 친숙하다. 조악한 인쇄에 깨알 같은 글씨. 군데군데 모르는 한자도 있어 읽기가 더디지만 느낌은 나쁘지 않다. 눈살을 모았다가 풀기를 거듭하며 심심풀이 일 년 신수를 종이로 짚어 보는 느낌이 오히려 신선했다.

 태어난 해에 따라 성격과 어울리는 직업 및 계묘년 운수가 간단히 나와 있었는데 주위에 있는 사람들이 슬금슬금 모여들며 봐달라고 하는 바람에 적잖은 재미와 농담으로 분위기가 흥건했다. 서너 줄 요약된 유형엔 몇 명이 교집합으로 속하기도 하고 그렇지 않기도 하는데 내 눈에 들어온 건 '고집'이란 단어였다. 10가지 성격 유형 중 많이 언급되기도 했지만 고집 없는 사람이 어디 있겠는가. 내용을 읽다 보면 그 사람이 그런 것도 같아 고개가 끄덕여지기도 했다.

 옹고집, 똥고집, 황소고집, 고집통, 고집쟁이 등등 말에 생명력을 더하는 접사가 붙기에 이보다 만만한 단어가 있을까? 그런가 하면 다른 비슷한 말로 은근슬쩍 바꿀 수 있는 게 고집이란 말이다. 주관, 가치관, 뚝심, 소신 또는 자부심이 될 수도 있지만 자칫하면 아집, 불통, 독단, 독선, 몽니가 될 수도 있다. 자기 의견을 고치지 않고 버티는 심리가 고집(固執)인 반면 아집(我執)은 자기중심의 생각에 집착하여 다른 사람의 의견과 입장은 모르쇠로 자기만을 내세우는 심술을 말하니 그 경계가 투명하고도 아슬아슬하다. 뿐인가? 나이를 더하며 알게 모르게 굳은살처럼 박이는 탓에 수시로 점검하며 정비할 필요가 있다. 수동적이기만 하던 아이도 성장하면서 의견이 형성되고 그 의견이 맞지 않으면 마음의 불편을 경험한다. 어리다고 고집이 약한 건 아니라서 때로는 어른을 진땀나게 하지만, 자라며 습득되는 사회성이 인간관계 속 조화를 이루며 세상의 일원으로 성장하는 과정은 뿌듯하다.

무릇 사람이란 고집을 품고 자라며, 평생 공생하며, 타인의 것까지 인정하면서 함께 어우러진다. 푸릇푸릇 자신만만하던 고집들이 어느새 흔적조차 남지 않았음을 자각하며 그것도 세월과 비례함을 서서히 수긍한다. 이십 대와 삼사십 대의 고집이 다르고 오십이 갖는 고집과 이후에 생기는 고집의 결은 분명 다르다. 어차피 공존해야 하기에 이왕이면 긍정적인 고집을 지닐 필요가 있다.

얼핏 들으면 좋지 않게 들리는 데다 그동안 이래저래 거부감마저 드는 어휘였건만 새삼 그 말이 달라 보인다. 맛과 정성이 필요한 음식에도 고집이란 단어 하나 들어가면 그 어떤 표현보다 신뢰감을 주듯 일이건 놀이건 예술이건 기술이건 행위의 주체에서 풍기는 그 사람의 혼(魂)도 따지고 보면 고집이다. 끌어당겨 사로잡는 뭔가가 있다. 이래도 흥 저래도 흥하며 고집 없는 사람에게 무슨 매력이 있겠는가. 아무 생각도 없다는 말과 크게 다르지 않다. 고집이란 피할 수 없는 숙명이며 내면의 반영이다. 조심해야 할 건 섣불리 내세우려 하지만 말고 틈틈이 손봐야 한다는 것이다. 남의 것도 읽어가며 헤아리는 마음이 고집을 대하는 현명한 자세라고 본다. 늦었지만 나는 저평가된 것도 모자라 누명을 써온 억울한 이 단어에 품위를 하사하고 싶다. 한편으로는 탈 없이 잘 지내자고 부탁하는 마음이다.

(2023년 문학시대 가을호)

균형 잡기

　아이의 할머니로 보이는 아낙은 아들 며느리에게 고마운 기색이 역력했지만 어딘지 모르게 조심스러운 몸짓이었다. 밥에 맛을 들이기 시작한 손자의 시중을 들면서 미소를 띠었지만, 그 미소의 순도는 그리 높지 않았다. 불안감을 숨긴 사랑스러움, 미안함을 감추지 못하는 고마움, 달갑지 않았지만 어느새 익숙해지고만 답답함이 드문드문 섞인 음성으로 연신 아이 이름을 불렀다. 오랜만에 보는 손자에게 밥을 떠먹이는 동안 주름이 엷어지는 듯 보였다. 순한 아이 주위로 투명한 햇살이 퍼지며 적막한 지금을 비추고 있었다. 오늘이 지나면 아이가 언제 다시 할머니를 찾아올 수 있을지는 몰라도 다음에 만나면 아이의 수저질이 한층 능숙해져 있을 건 분명해 보였다.

2019년 겨울 어느 날, 한순간 정적에 휩싸이는가 싶더니 해를 넘기자마자 회색 장막 속으로 일상이 함몰되었다. 언젠가 보았던 재난 영화가 떠오르던 분위기는 무진장 어색하고 불편해서 도무지 실감이 나지 않았다. 성가심을 무릅쓰고 5부제로 마스크를 사느라 출생연도 끝자리와 요일을 헤아리며 약국으로 향했다. 급속히 확 번졌다가도 때가 되면 절로 수그러드는 풀독처럼 당분간만 조심하면 될 줄 알았건만 코로나라는 역병이 오늘까지 이 사태를 만들 줄 누가 상상이나 했겠는가?
 혹시나 하는 두려움에 부모 형제조차 접촉을 삼가야 했고 얼굴만 봐도 힘이 나던 사람들도 만남을 미뤄가며 인원을 줄였다. 상대를 아끼기에 당연한 배려였고 약속이었다. 다음번엔 꼭 함께할 수 있으리란 소박한 기대는 풍선처럼 한껏 부풀었다간 어느 순간이 되면 피시식 바람이 빠지곤 했다. 참으로 맥없는 나날이었다. 이상한 건 사람 만나지 않는 날이 길어지면 질수록, 시곗바늘은 예전보다 부지런을 떨었다. 몇 번의 나들이철과 휴가철이 지났고 새로운 연말연시가 반복되었지만 만남 주의와 이동 자제의 당부 역시 도돌이표였다. 백신만 맞으면 안심할 줄 알았건만 2022년 현재까지 나아진 건 없다.
 며칠 전 또 한 번의 설을 보냈다. 거리 두기는 여전히 진행형이고 사적 모임도 제한 중이다. 고향, 친지 방문과 이동 자제를 권하는 세태에 따라 차례도 세배도 영상으로 하거나 그마저도 생략한 채 섬처럼 제각각 고립된 가정도 꽤 많다. 혹시나 이번 명절엔 볼 수 있을까 하던 누군가의 기대는 또 한 겹의 쓸쓸함만 덧보탠 채 나이 한 살을 무연히 삼켰다. 엄마 역시 '이번엔 못 온다.'는 동생의 전화에 시국이 이러하니 어쩔 수 없다고 이해는 하면서도 기어이 서운함을 비추고 말았다. 가족들 모두 만날 수 있는 날이 일 년이라야 겨우 너덧 번인데, 그마저 옛일이 되어버린 현실이 마뜩찮은 것이리라.

기존의 그것들과 비교도 안 될 만큼 세력이 강해 무차별적으로 확산한다는 이번 변이에 대응하려니, 처음과는 또 다른 걱정이 앞선다. 거리 두기, 사적 모임 제한 같은 방침이 질병 차단이라는 좋은 명목일지라도, 과연 그 당위는 옳은 건가 하는 의구심이 든다. 가뜩이나 현대인들은 고독에 취약하고 정서적 고립감이 크다. 가까운 사람들과 마음을 주고받는 자리마다 제한이 따르면서 교류 폭이 좁아진다. 마음의 혈관이 서서히 굳어지고 혈류는 느려지는 기분이다. 피치 못하는 현 상황이지만, 적어도 누군가의 소외나 단절에 대한 변명은 되지 말아야 하는데, 이런 위축이 길어지니 우려되는 마음이다.

화합은커녕 얼굴 맞대지 않음을 권장하는 세태이니 어쩌란 말인가. 자식들 방문을 손꼽는 소박한 낙마저 코로나에 파묻히는 게 너무나 안타깝다. 그나마 사람 냄새 맡던 경로당마저 2년 넘게 잠겨있으니 노년층 갑갑증이 심각하다. 무료함과 우울감에 하루가 한 달처럼 지루하다고 한다. 감염병 무섭다고 현실을 못 본 척하는 게 옳은 걸까? 이런 때일수록 필요한 건 사람의 온기다. 누군가의 안녕을 염려하고, 확인하는 관심이 필요하다. 비록 마스크 너머일망정, 시선을 마주하며 미소를 주고받는 연습도 해야 할 때다. 병은 사람과 사람의 접촉에서 생겨나기도 하지만 사람을 만나 치유되기도 한다. 바이러스로부터 삶을 지킴과 동시에 유난히 지루한 이 터널을 한 사람도 소외되지 않고 무사히 헤쳐 나갈 수 있도록 균형을 잡는 것이 필요한 시기다.

(2022년 문학공간 3월호)

기다립니다

요즘 기다리는 사람이 생겼습니다. 저도 모르는 사이에 스르르 열린 문 앞에 서 있던 사람입니다. 마스크 위로 드러난 인상이 나쁘지 않았던 그는 언제부터인지 저의 단골이 되었습니다. 그렇다고 가게 안으로 들어와 음식을 먹고 간 적은 한 번도 없었습니다. 항상 포장을 해가던 손님이었습니다. 그럭저럭 저희 음식이 입에 맞는 분이라고 생각했습니다.

방역 지침을 따르다 보니 어느새 거리두기는 익숙해졌고, 길고도 기약 없는 불황을 거느린 코로나는 24시간을 지배했습니다. 미소마저 감염의 원천이라는 누명을 쓴 채 마스크 너머로 고개만 끄덕이고 눈빛조차 갈 곳을 몰라 두리번거렸습니다. 그의 방문은 그나마 꾸준했기에 어느 날인가부터 들고 있는 비닐

봉투 안을 들여다볼 수 있었습니다. 물론 다른 물건도 있었을 테지만 제 눈은 서너 병의 소주에 멎곤 했지요. 술을 좋아하고 먹어본 음식만 주로 선택하며, 일터 또는 집이 이 근처인 사람이라고 여겼을 뿐 그에 대해 아는 것은 아무것도 없었습니다. 궁금한 게 없진 않았지만 마스크를 몇 년 족히 쓰다 보니 상대의 의중을 모른 채 말 한마디 건네는 것조차 조심스럽더군요.

　누군가에게 가까이 다가가는 친근함마저 환영받지 못할 것 같았습니다. 망할 놈의 코로나는 호시탐탐 사람을 갈라놓는 것도 모자라 누구든 구석진 외로움으로 집요히 몰아대고 있었습니다. 거리두기란 냉정한 말이 생존 필수 지침이던 시기를 보내면서 가족조차 맘 놓고 만나지 못했습니다. 여름 햇살은 잔인했고 사람 그립던 폭염은 지루했습니다. 살아 숨 쉬는 모든 것들이 기력을 잃어가는 시간을 저 역시 버티고 있었습니다. 어느 날부턴가 식성 무난해 보이던 그마저 발길을 딱 끊었습니다. 가끔은 궁금해지는 제 심사는 아랑곳 않고 안 나타난 지 벌써 몇 달이 되어갑니다.

　네모난 창틀만이 친절하게도 하루가 다르게 변해가는 풍경을 보여주었습니다. 한결 높아진 하늘에 시선이 자꾸 멎던 어느 날, 까무러칠 듯한 정적 속에 그림자가 어른거렸습니다. 창밖에 경찰관 여럿이 당도하더니 구급차와 경찰차가 좁은 골목을 순식간 점령했습니다. 내가 선 곳에서 머지않은 집 앞이 부산했습니다. 안에서 누군가가 실려 나오는 눈치였지만 오래도록 볼 상황이 아니어서 다급한 상황을 짐작하며 문을 닫았습니다. 유리문 밖 경찰들이 오래도록 자리를 뜨지 않아 착잡했습니다.

한 달에 한 번 들르는 미용실 원장은 이 동네에 오래 살아선지 골목 소식에 누구보다 훤합니다. 그가 얼마 전의 경찰차 얘기를 하며 어느 남자분의 고독사였다고 말합니다. 허구한 날 술병을 잡았다고 하더군요. 무슨 사정이었는지 부인과도 별거 중이어서 저 아래 지하 방에 세 들었던 그의 마지막을 아무도 몰랐다는 겁니다. 순간 왜 제 머릿속엔 그 아저씨가 떠오른 건지 모르겠습니다. 그러면 안 되는데…. 원장님이 말하는 사람이 그분과 겹쳐질수록 부정하고 싶었습니다. 의례적인 인사를 나눴을 뿐 무심했다는 자책에서 벗어나고픈 변명 같은 심리일까요? 마음이 무겁습니다. 저는 왜 이리 그분이 뵙고 싶은 건지 모릅니다.

일이 있어 다른 곳에 다니러 가셨다면 좋겠습니다. 고개를 돌리는 어느 순간에 그가 서 있을 것 같습니다. 드르륵 문을 밀면서 불쑥 들어서기를 간절히 희망합니다. 만약 다시 그분이 찾아오는 날이 혹시라도 와준다면 주책없다고 할지라도 말을 붙여보려 합니다. 세상은 혼자 사는 게 아니건만 저마다의 섬에 머무는 우리입니다. 그 섬을 지키느라 두렵고 외로우면서도 선뜻 상대방의 섬에 다가가지 못하고 무관심합니다. 고약스러운 고독은 틈만 나면 사람을 칭칭 감아 옥죄이지만, 다행스럽게도 단절의 빗장을 푸는 열쇠는 누구에게나 있다는 사실을 새삼 깨닫습니다. 가족, 이웃, 사회의 무심함에 그 누구도 소외되지 않기를 바랍니다. 제발 마지막 발걸음만이라도 외롭지 않았으면 좋겠습니다. 어쩌면 이 순간에도 생각지도 못한 사람이 나를 생각하고 있거나 기다릴지도 모르는 일입니다. 요즘 제 기다림은 그 어느 때보다 간절합니다.

(2023년 문학시대 신년호)

큰일의 포로

　사람들은 불안을 두려워하면서도 늘 상상한다. 일어나지 않은 일로 걱정하고, 일어날 확률이 지극히 적은 일로 지레 겁을 먹는다. 나도 예외는 아니다. 사람마다 촉수의 반응 정도가 다르겠지만 나 역시 사소한 걱정을 달고 산다. 끊임없이 공격해 오는 걱정 바이러스에 대한 내성을 키우는 건 각자의 몫이기에 다만 그것을 의식하며 제어할 뿐이다.
　성향이 다른 누군가가 보면 회피라고 지적할 수도 있겠지만, 근심은 미리 하지 말자는 주의다. 오늘은 오늘이고 내일은 아직 오지 않은 來日이다. 오늘 하루 편안해도 내일 뜻하지 않은 변수가 생길 수 있는 건데 걱정을 자꾸 당겨서 하다 보면 어디 하루라도 편할 날이 있겠는가. 가불한 걱정 보따리에 짓눌려 다시는 와주지 않을 현재를 망치고 싶지 않다. 남 보기에 털털하고 태평하더라도 속으로는 마냥 그렇지만은 않다. 얼키설키 실핏줄 같은 걱정의 예민함에서 완벽히 자유로울 사람이 어디 있겠는가. 중요한 건 미리 걱정한다고 달라지는 건 없다는 사실이다. 걱정의 70퍼센트가 일어나지도 않은 일이라는 걸 보면 이 얼마나 엄청난 감정의 소모이며 낭비인가. 전전긍긍하지 않으려다 보면 저절로 빛이 보이기도 한다.

무탈하고 담백한 현재를 음미하는 동안은 온전히 그 순간을 누리고 싶다. 설령 남 보기에는 무료할지언정 내게는 천금 같다. 이렇게 평화로운 시간에 미래의 근심을 애써 마중하는 사람과 있으면 급속도로 피곤해지며 에너지가 마른다. 언제 그랬냐는 듯 불안해지고 두근거리며 어서 자리를 벗어나고 싶다.

'큰일'이라는 말을 달고 사는 사람은 전혀 모를 것이다. 입에 달고 사는 그 말에 주변 사람이 얼마나 마음을 졸이는지…. 일상의 소소한 파문이 일 적마다 대놓고 걱정이란 말을 들먹일 때면 가끔 가슴이 철렁 내려앉곤 한다.

큰일이란 말을 아무렇지도 않게 쓰는 사람에게 정말로 큰일이란 어떤 일일까. 온전한 평화를 누리지 못하는 사람이라는 생각이 들어 가여울 때도 있다. 내일 비가 많아 온다면 큰일인데, 내일 더우면 큰일인데, 차가 막히면 큰일인데, 사람이 많이 오면 큰일인데, 사람이 적게 오면 큰일인데…. 정작 큰일에는 무 감각하면서도 하찮은 일에 큰일이란 말을 남발하는 것은 부정적 불안일 수도 있지만 단순한 버릇일 수도 있다. 본인도 모르는 사이에 익숙해진 하나의 말버릇을 정확히 인지하지 못할 것이다. 그 사람 버릇 때문에 수시로 마음 졸이기보다는 그에게 정중하게 부탁해 보는 것도 평안한 삶을 위한 작은 용기다. 본인에게서 새어 나온 걱정이 본인의 두 귀에 전달되지 않을 것이기에 그의 마음도 편안해질 것이며 어쩌면 고마워할 수도 있을 것이다.

실수나 잘못에 대한 우려, 사건이나 사고의 두려움에서 너도 나도 자유롭지 못한 처지이다 보니 걱정되는 그 일이 언제 닥칠지 몰라 사실은 불안한 탓이다. 현대인이라면 공감할 수밖에 없는 문제지만 듣는 이에게 전염되는 강력한 파장이 주위까지 불편하게 한다는 것이다.

호시탐탐 생활의 건강함을 갉아먹는 걱정에 대한 단련은 저마다의 몫이다. 쓸데없는 그것에 자리를 내어주지 않게끔 공부와 사색의 영역을 넓히는 것도 좋은 방법이다. 여러 가지 취미도 도움이 되지만 때로는 아무것도 안 하는 방법도 있다. 캠핑이나 차박이 유행인 요즘 티브이를 보다 보면 아무 생각 않고 모닥불을 바라보거나 잔잔한 수면에 시선을 드리운 채 불멍이니, 물멍이니 하며 일부러 찾아서 하는 걸 본다. 지친 뇌에 쉼을 주는 장면을 보다 보면 아궁이 앞에 앉아 무연히 불꽃의 춤사위를 바라보던 시절이 생각난다. 유난히 그 시간이 좋았던 난 이미 오래전부터 걱정에 대한 항체가 생겨 방어력이 커진 건 아닐까.

　분명한 건, 하지 않아도 되는 걱정은 내면의 불안정한 파고이며 그걸 잠재울 수 있는 사람은 당신밖에 없다. 부디 편안해지기를….

뉴스에 대하여

 흔히들 말하길 막장이라고 하는 드라마는 그렇지 않은 것보다 시청률이 높습니다. 상식을 뛰어넘는 파격, 캉가루처럼 나부끼는 질서, 인륜을 거스르는 사건에 사람들의 이목이 쫓아다니나 봅니다. 시청자 게시판에 댓글을 달고 작가에게 항의하면서까지 사람들은 분노하다가도 시간이 되면 다시 화면 앞에 앉습니다. 왜냐고요? 가끔은 현실을 잊게 해주는 몰입이 생각보다 끈적거리며 달라붙기 때문입니다. 윤리와 상식을 아무렇지 않게 무시하며 쏟아 붓는 대사에 스트레스가 녹아버리기도 합니다. 내가 하지 못하는 행동을 거침없이 저지르는 장면에서 어느 순간 대리만족을 경험할 때도 있습니다. 이게 막장드라마가 보여주는 마법이지요. 혀를 차면서도 채널을 고정하는 이유는 무엇보다 고정관념에 매이지 않는 자유로움 때문이 아닐까요? 있을 수 없는 일은 아니지만 막상 보면 어처구니없는 막장드라마를 무조건 폄하하고 싶은 마음은 애당초 없습니다. 보고 안 보고는 자유이며 선택 역시 개인의 몫인 데다, 막장드라마에도 얼마간의 순기능은 있으니까요.

뉴스는 시대를 말하고 비추는 역할을 합니다. 급변하는 세태를 시시각각 정확하게 보도해야 하니까요. 아침마다 뉴스를 봅니다. 습관이겠지만 세상 소식이 궁금하기도 하고 요즘 같은 땐 코로나 상황도 있으니 더욱 주시하게 됩니다. 쏟아지는 뉴스를 얼마간 듣다가 이내 기운이 빠져버리는 시간은 그리 오래 걸리지 않습니다. 듣고 있던 뉴스를 끄고 나서야, 그나마 소박한 평화가 시작됩니다. 차라리 틀지나 말 걸…. 후회도 합니다. 아닌 게 아니라 막장드라마보다 못한 일이 많습니다. 많이 배우고 많이 누리던 사람들은 그래선지 더 많이 다투는 것 같습니다. 사회지도층이나 정당의 우두머리가 분명한 사람들인데, 틀기만 하면 상대방을 헐뜯거나 말꼬리 물고 늘어지느라 더 바빠 보입니다. 온 국민을 상대로 열이 오르게 불을 지피거나 상대적 박탈감을 부추기느라 신이 나 보일 때도 있습니다.

믿었던 누군가의 추악함이 파헤쳐지면 마음에 구멍이 펑 뚫립니다. 어찌 보면 참 다행스러운 일이기도 하지요. 만약 그렇지 않았다면 그들의 뻔뻔함에 영원히 속을 수도 있기 때문입니다. 국민의 지지나 인기를 먹고 사는 공인이어선지 그 배신감이 더욱 크기도 합니다. 미처 생각지도 못한 범죄가 밝혀질 때면 호되게 충격을 받고 애꿎게 피해 본 사연에 같이 울분을 토합니다.

저만 그런 걸까요. 요사이 뉴스의 부작용을 앓는 중입니다. 어쩌다 한 번이어도 못마땅할, 시청자들을 깜짝 놀라게 할 나쁜 소식들이 어떻게 매일 매번 등장할 수 있는지 의문입니다. 옳지 않은 생각을 하며 사는 사람들이 너무도 흔한 까닭입니다. 그릇된 이야기가 너무도 많아 웬만한 사건은 시청자들의 리모컨을 붙잡아 둘 수 없습니다. 인간의 목숨 가치가 나날이 하락하고 있는데도 뉴스에서는 사람 가치가 그다지 큰 비중이 아닌 것 같습니다. 오히려 주가의 등락에 더 호들갑스러워 보입니다. 만인이 평등하다는 세상인 줄 알다가도 그것이 큰 착각이라는 사실을 깨닫습니다. 언제부턴지 뉴스 방영대가 되면 좋지 않은 소식을 전해주는 시간이라는 두려움이 생긴 듯합니다. 그동안 뉴스를 보고 들으며 제 귀는 얼마나 더렵혀졌을까요. 저의 정신은 얼마나 무뎌졌을까요. 어지간한 일에 놀라지도 않으며 충격에는 점점 둔감해집니다. 이유도 모르게 마음이 불안할 뿐입니다. 뉴스의 생명은 사실성이건만 가짜뉴스가 판을 치니 어디까지 믿어야 하고 과연 진실인지 의아합니다. 온라인 뉴스를 포함해 무차별적으로 쏟아지는 뉴스를 받아들이는 시청자나 구독자의 역할은 더욱 난감합니다. 녹록치 못한 시기에 뉴스를 접하는 이유만으로 피곤함이 가중됩니다.

　사람의 경우에도 좋은 일은 비밀로 하고 나쁜 이야기만 전하는 사람이 있습니다. 들어서 안 좋은 말, 들으면 기분 나쁠 말을 골라서 전하는 사람도 있습니다. 그렇다고 그의 주위엔 좋은 일이 없는 걸까요. 그가 아는 사람 중엔 좋은 점이 한 번도 눈에 띈 적 없는 걸까요. 제가 접하는 뉴스는 어째서 나쁜 소식이 끊이지 않는 건지요. 선한 뉴스만이 나쁜 뉴스를 잠재울 수 있다는 생각이 듭니다. 모두가 귀하고 소중한 세상에 따뜻한 뉴스가 많이 들렸으면 좋겠습니다. 복수보다 보은, 다툼보다 이해, 사건보다 미담이 넘쳐나 실시간 공유에, 다시 보기까지 하는 전파의 혜택을 받고 싶어졌습니다. 그렇다면 세상 살맛 날 것 같습니다. '틀지나 말걸.'이 아닌 '틀길 잘했네.' 하며 짜릿해지고 싶습니다. 그사이 해가 바뀌었네요. 건강한 뉴스를 통해 우리가 코로나에 잃어버린 1년 치의 미소를 조금씩 되찾을 수 있기를 소망합니다.

다르니 다행

　예전엔 마주치는 시간이 적었다. 헤어졌다 만나면 반갑고, 그가 올 시간이면 문밖 소리에 귀를 기울였다. 주말마다 볼거리 먹을거리 찾아 여기저기 다니다 보면 월요일 다가오는 게 야속하기만 했다. 그러고 보니 참 좋은 시절이었다. 같이 일하는 지금 종일 한 공간에 있는 게 보통 일이 아니다. 공생 속 충돌의 연속이다. 든든한 동지로 여겼던 그가 선전포고도 없이 적으로 변하는 건 순식간이다. 우리가 이토록 달랐단 말인가.
　나는 시간도 마음도 헐거운 상태를 즐기지만, 느슨한 시간이 조금만 지속되어도 전전긍긍하는 그로 인해 곧 불안해진다. 내가 한가함을 완벽히 누리고 싶을 때, 그는 그걸 못 견뎌 일을 만든다. 서로 다른 성향을 존중해야 마땅하나 몹시도 피곤하고 속상할 때가 있다.

 지난여름 뒤늦게 풀 한 포기를 들였다. 뜰에는 번데기 같은 청양고추가 열리기 시작할 무렵이라 귀퉁이에 들일 때부터 빈약했던 그 꽃은 족두리 꽃이라 불리는 풍접초였다. 고추에 약이 바싹 올라 매운 기가 한창일 때도 그 풀은 눈치꾸러기처럼 어색했고, 장마와 태풍을 망연히 견디면서도 데려온 자식처럼 기를 펴지 못했다.

 다른 집 화단에 족두리 꽃이 만발했을 때 탄성을 지르면서도 우리 집 뒤란에도 그 풀이 자라고 있다고 위안 삼을 수 없었다. 내가 보도블록 틈에서 뽑아온 시기는 이래저래 때가 늦어서였다. 기대까지는 아니지만 그래도 어떤 폭죽처럼, 응원처럼 꽃송이를 활짝 퍼트려줄지도 모른다는 희망을 품긴 했다. 속내를 들킨 건지 마침내 소망이 이뤄졌다. 무성하던 여름꽃이 퇴색할 무렵 연분홍 환희가 분수처럼 솟구쳤다. 식지 않는 불꽃처럼, 잊히지 않는 소망처럼, 기적처럼 그렇게…. 담벼락 귀퉁이 꾸부정한 가지에서 조록조록 꽃망울이 터졌다. 코로나 블루로 우울하던 마음까지 말개졌다. 신기하고 기특하고 또 고마웠다. 누군가 나에게 준, 꼭 필요했던 선물 같았다.

 여름 한 시절 잊을 만하면 한 줌씩 즐거움을 주던 고추는 가을이 깊어가며 열긴 했어도 더는 굵어지지 않았다. 비릿한 풋내가 청양의 본분을 망각해가는 듯했지만 기를 써 앙증맞은 꽃을 피우더니, 시나브로 이파리가 오그라들며 서리 올 날만 점치고 있었다. 허허롭고 쓸쓸해지는 시절이 코앞에 와 있음을 알면서도 간만에 찾아온 소박한 안온을 좀 더 누리고 싶었다. 뒤늦게 만개한 풍접화가 나를 이해한다는 듯, 기온이 내려갈수록 힘차게 허공으로 꽃술을 그었다.

 그날 나는 화가 머리끝까지 치밀어 종일 감정을 다스리느라 힘들었다. 그를 이해하기 쉽지 않았다. 꿈적거리는 손놀림마다 야속하고 다니는 발뒤꿈치가 밉살맞았다. 얼마 전부터 고춧대를 뽑아 정리해야 한다던 말에 기껏해야 여덟 포기밖에 안 되는 고춧대 뽑는 게 뭐 그리 급하다고 나중에 해도 된다고 생각했다. 고추 딸 거 있으면 따라는 소리에 뒤란에 나갔다가 깜짝 놀라 주저앉을 뻔했다. 애지중지 눈 맞추던 분홍빛이, 수북이 뽑힌 고추더미 아래서 비어져 나오는 바람에 눈을 의심했다. 설마하며 들춰보니 불안한 예감은 이미 현실이었다. 패잔병처럼 뽑힌 고추 밑에서 무참하게도 족두리 꽃이 실신해 있었다. 여린 꽃잎이 무슨 죄라고 억센 고추 가지에 긁히고 눌려서 지르는 비명이 가여웠다. 수그러들었던 우울이 한꺼번에 도지는 바람에 잠시 현기증이 일었다. 나와 확연히 다른 성향의 그가 멀게만 느껴졌다. 종일 삭히다가 저녁에야 말을 꺼냈다. 내 기분이 안 좋다는 말에 천연덕스럽게도 물었다.

"왜?"

차근차근 이유를 말했더니 돌아온 대답이 또 한 번 나를 얼어붙게 했다.

"말을 하지. 그러면 안 건드렸잖아. 난 정리하는 김에 깨끗하게 한다고 죄다 뽑았지."

늘 이렇다. 가깝고도 아주 멀고, 잘 알면서도 막상 하나도 제대로 알지 못하는 '그'와 '나'다.

서운함이 미처 아물지 못한 며칠 후 불쑥 내미는 빗자루 하나, 내 손으로 뽑아 놓은 그 댑싸리로 만든 거였다. 궁핍한 내 시선을 위로했던 식물이 더 있었다면 여름내 건강한 담녹색으로 나의 탈선을 막아준 고마운 댑싸리다. 손 많이 안가도 풍성한 게, 넘치도록 안정감을 주더니만 계절이 바뀌자 색이 변하며 하루가 다르게 볼썽사나워졌다. 아름다움을 잃은 댑싸리가 나에겐 관상 가치를 다한 마른풀이었다면 그의 눈에는 실생활에 필요한 식물이었나 보다. 덕분에 빗자루를 두 개나 만들어 하나를 옆집에 선물로 주니 엄청 좋아하더란다.

확실히 그는 기능을 추구하는 유형인 반면 나는 그렇지 못하다. 그의 성향은 눈에 보이는 결과물을 내놓기에 유리하다. 나는 감성에 기울어져 혼자 아파하고 좋다가도 때때로 날이 서

예민해진다. 나와 너무 다르다는 게 불편하다 못해 때론 외롭다. 하지만 일머리에도 밥벌이에도 취약한 내가, 달라도 너무 다른 그의 덕을 보는 게 더 많으니 어쩌랴. 그가 나와 같지 않음을 천만다행으로 여긴 지 제법 오래다.

(2021년 한국수필 3월호)

뒤늦은 편지

 굳이 시간을 헤아려볼 생각은 안 했다. 책꽂이 구석에 붙박이처럼 자리를 지키던 것에 얼마 전 손이 닿았고 호기심에서 몇 장 들췄을 뿐이다. 무슨 생각에서였을까. 청소년기의 어느 신중했던 날, 모아뒀던 편지를 네 권으로 나눠 매듭진 기준은 순전히 상대에 대한 느낌의 분류였다. 하루하루가 모여 수십 년이 지나는 동안 여러 차례 집을 옮겨 다녀야 했는데 내 발자취마다 용케도 따라온 꾸러미였다. 첫 장을 펼쳐보니 능청맞을 만큼 멀쩡해 내심 놀랐다. 서로 다른 부제를 붙인 네 권의 편지 책을 훑어보며 그날만큼은 한증막 같은 더위를 말끔히 잊었다. 뭐든지 즉각적이고 동시다발적인 소통이 당연한 요즘 청소년들은 편지로 이어지던 시절을 얼마나 이해할까.

읽다 보니 재미있는 게, 나를 좋아한다고 소문을 내고는 시집을 베껴 편지를 보내오던 남학생이, 장가를 남들보다 일찍 가 여럿의 아이를 낳아 잘살고 있는 게 생각나 웃음이 나왔다. 그런가 하면 우물처럼 그윽한 눈빛에 빨려들까 겁나던, 철학에 조예 깊고 회화(繪畫)에 재능 있던 친구가 무슨 일인지 범죄자가 되어 그 추억이 안타까웠다. '너는 글을 쓰라.'며 좋은 영향을 줬던 옆집 언니가 암담하던 현실을 내게 토로했던 편지를 읽으며 뒤늦게 그의 고통이 전이되기도 했다. '이런저런 일을 겪으면서 우리가 살아왔구나.' '이런 찰나들이 소실되기도 하고, 쌓여 굳어지기도 하며 차근차근 삶으로 자리 잡은 거구나.'라는 생각에 지금은 사는 곳조차 모르는 한 사람 한 사람 얼굴이 실물인 듯 다가와 빙그레 웃고 있었다.
　그러다 한 사람의 편지에서 읽는 속도가 느려졌다. 그때 나는 무신경했는데 그는 나름 진지했나 보다. 봉사단체 행사 마지막에 둥그렇게 둘러선 다음 종이컵에 끼운 양초에 촛불을 붙여주는 순서가 있었다. 양옆에 누가 있었는지 기억이 날 리 없다. 누군가 내 심지에 불을 달여 줬듯이 나도 옆 사람에게 촛불을 붙여줬는데, 바로 그 남학생이라고 했다. 음악도 고요히 흐르겠다, 누군가 밝혀준 촛불로 어둠 속 시야가 온화해지던 순간 특별한 의미를 느꼈다는 순진무구한 소년이었다. 아무튼 그랬던 그가 어찌어찌 내 주소를 알아내서 편지를 보낸다고 적혀있었다. 빙석(氷石) 같은 순수가 하도 명징해 읽기를 멈출 도리가 없었다. 그 후로도 여러 차례 보낸 서신을 읽으며 내가 한참 동안 답장을 안 했다는 것도, 그의 서체가 보기 좋다는 것도, 나이답지 않게 어른스러웠다는 것도 알 수 있었다. 이슬 머금은 꽃망울처럼 꿈으로만 부풀던 시기여서였는지 호감은커녕 그에게는 어떤 감정도 생기지 않았고 오던 편지는 때가 되어 시들해졌을 것이다. 어쨌거나 편지를 뒤늦게 다시 읽으며 그는 지금 어디서 어떤 모습일까? 하는 궁금증이 들었다. 길에서 이미 마주쳤어도, 언제고 마주쳐도 모를 거면서 말이다.

누군가에게 편지를 받기도 쓰기도 하며 기다림을 반복하던 그 시절이야말로 내 인생에서 가장 순수하고 싱그럽던 나날이었다. 지금 형편이 언제 벗어날지 모르는 코로나 터널 속이라 그런지 한 장 한 장 읽을수록 더욱 그 시절이 생생했다.

며칠이나 지났을까. 동생과 통화하며 편지 책 얘기를 했더니 아직도 그런 걸 간직하고 있냐며 몹시 놀랐다. 촛불 한번 밝혀 줬을 뿐인데 편지를 열심히 보냈던 친구 글이 새롭게 읽혔다 하니, 잠시 머뭇대다가 혹시 이름이 아무개 아니고 묻는데 비슷하긴 해도 정확하진 않았다. 바르게 일러주니 맞다면서 자신이 하도 읽어서 아직도 머릿속에 그 이름이 있는 거라며 박

장대소를 했다. 이어 말하길, 어느 날부터인가 그 사람에게서 편지가 자주 오더란다. 편지 주인 귀가하려면 아직 멀었고 궁금증 참는 게 고역이었던 아버지가 이쑤시개로 정교하게 여며 살살 뜯어 읽어보시고는 "야, 별 내용도 아니다."며 싱겁게 웃으셨다고 한다. 그렇게만 끝났다면 중학생이던 동생이 과연 그 이름을 기억할까. 일차 검열을 마친 아버지가 감쪽같이 봉해놓으면 다음 독자는 자기였다고 한다. 그 시절에 마땅히 읽을거리도 변변찮았는데 호기심과 즐거움을 동봉해 오는 그의 편지가 고맙기까지 했단다. 네 명의 동생을 둔 나는 분명 다른 독자가 몇은 더 있었던 거로 확신하고야 만다. 식구들이 읽은 후 온갖 섬세함을 발휘해 다시 붙여놓은 걸 마지막으로 읽었던 나는 인연의 필적을 어찌지 못해 이때껏 보관해온 것이다. 묻힐 뻔했는데 밝혀진 비밀 덕분에 한바탕 웃었다. 배가 당길 만큼 깔깔대던 자매와의 수다 도중 아버지의 젊은 날이 떠올라선 젖은 눈으로 웃는다. 사춘기 시절 남달리 예민했던 나를 속으로 걱정하시던 아버지의 염려가 오롯이 느껴진다. 당시 아버지 나이를 훌쩍 넘긴 딸은, 가고 안 계신 당신이 그리워 마음 한쪽이 저며 온다.

 이쯤 해서 또 하나의 숙제가 있음을 깨닫는다. 어쩌면 그동안 미뤄뒀던 것일 수도 있겠다. 크고 작은 인연의 증거들을 계속 보관하는 게 옳은가? 이제라도 차츰 정리해야 하는가? 결정권자는 '나'임을 알기에 종잇장이 품은 오랜 향은 애틋하기만 하다.

집 나온 길치

　가깝다고 생각하는 사람도 두 종류의 구분이 있다. 자주 연락하며 안부를 묻고 싶은 사람과, 굳이 그렇지 않아도 늘 곁에 있는 것 같은 사람. 구태여 따지고 본다면야 후자의 인연이 더 견고하지 않나 싶다. 몇 달 후에 불쑥 만나도 항상 보고 살았던 느낌이니 관계의 착시현상이 아닐까?
　계절병인가? 문득 생각해보니 작년에도 그랬다. 뜬금없이 여름이 지날 무렵이면 전화를 걸어오곤 했다. 불현듯 나타나는 그 언니와 어제 본 사람처럼 회포를 풀다가 보면 평창의 밤 인심은 유난히 야박하다. 잔 몇 번 부딪히며 잠시 헛헛함을 잊었기로 시샘 부리듯 새날이 밝아있었다.
　계획표 없는 여행을 떠날 우리는 개의치 않는다. 생각해보면 목적지가 아예 없는 것만도 아니다. 언니가 하룻밤 묵을 숙소를 삼척에 예약했기에, 나는 간밤에 부랴부랴 인터넷을 뒤져 대금굴을 찾았다. 2003년에 발굴하여 2007년부터 개방했다는 대금굴은 진즉부터 가보고 싶던 참이다. 언니와 환선굴 다녀온 지 꼬박 일 년 만이다. 맨 마지막 회차인 오후 다섯 시를 제외하고는 모두 예약 매진이었다.

일찌감치 한술 뜨고는 구인사를 가고 싶다는 말에 영월 방향으로 향한다. 오랫동안 업그레이드를 받지 않은 그녀의 내비는 초장부터 나와 엇나가고 있었다. 새로 뚫린 도로를 읽지 못함을 눈치채고 두 달 전 다녀온 기억을 되살렸다. 불심이 깊은 언니는 소백산 한자락에 자리 잡은 절을 보며 땀을 뻘뻘 흘리면서도 감격하는 눈치이다. 어찌나 방대한지 세세히 구경하려면 하루 갖고도 모자랄 터이다. 늦어도 한 시 반에는 출발하자며 시간을 안배하던 차 "여기까지 왔으니 적멸궁까지 다녀가라."는 불심 깊은 보살님 말씀을 듣고는 거역하지 못한다. 준비 없이 온 터라 신발이 불편해 난감했지만 어느새 발길은 오솔길로 접어들었다. 구슬땀을 흘려 봐야 바람의 고마움을 아는 법, 가파른 산 중턱에서 맞는 바람 세례에 극락이 따로 없었다. '이 세상에 내 것이 어디 있나' 맞는 말이다. 나를 온전히 상쾌하도록 해주는 바람마저도 내 것이 아니라는 생각에 고마울 뿐이다. 예정에 없었지만 적멸궁에서 내려오는 길, 종아리 뻐근해지는 강도만큼 마음은 왠지 편안해지던 길이다.

더 이상 지체할 시간이 없다. 삼척을 향해 나섰다. 여전히 터무니없는 시간을 알려주는 내비는 영월 석항 사북을 지나치며 이미 신임을 잃은 지 오래다. 너나없이 길치인 우리는 휴대전화의 도움으로 노나무재 터널을 고대하지만 아무리 가 보아도 터널은 있을 것 같지 않은 예감이다. 기계를 믿느니 사람을 믿는 게 현명하다는 생각에 길옆에 차를 세워도 본다. 역둔원동로와 하장방면을 지나쳐 백두대간로를 달리며 한여름 고랭지의 장관인 배추밭을 보았다. 저절로 환호성이 나오며 이래저래 탐이 나는 걸 보면 어쩔 수 없이 주부이다. 마음은 이미 배추 고갱이에 된장 푹 찍어 고소함을 우적거리던 참이다. 푸르고 높고 오염되지 않은 건의령로를 달리며 별천지에 마음을 도둑맞은 줄도 모르고 희희낙락이지만 안심은 이르다. 불안하던 길치들은 동해 삼척이라는 이정표를 보며 안도의 한숨을 내쉰다. 다행히 늦지는 않았지만 오면서 요기할 장소도 시간도 마땅치 않았던 차에 집에서 쪄 온 옥수수가 뒤늦게 생각난다. 내 눈앞에 보이지 않는 산해진미가 무슨 소용이겠는가. 고소함 알알이 품은 쫀득한 찰기가 현재의 행복을 도드라지게 만든다.

여태 산야를 달려왔음에도 매표소 지나 동굴까지 가는 풍광에 눈을 주기 바쁘다. 비 온 뒤의 물보라가 일품이다. 어느새 '동굴의 도시'로 자리 잡은 삼척, 모노레일 타고 오르는 동안 수신기에서 들려오는 '은하철도 999'를 들으며 공감 백배하던 순간이었다. '기차는 어두움을 헤치고 은하수를 건너서' 우주를 꿈꾸던 순간으로 되돌아 가 그곳을 향하는 기분을 만들어 주는 발상에 손뼉 쳐 호응하고 싶은 심정이다. 어젯밤만 해도 예약된 인원이 우리 포함 여덟 명이었는데 이래저래 만원인 것도 대금굴이 받는 각광을 헤아리게 만들었다. 수억 년이란 시간을 헤아리다 시내로 나오니 어느새 시장은 파하고 구석진 해물탕집에 들러 접시를 비웠다.

 밤중에 도착한 솔비치에선 주차할 곳이 없어 애를 먹었다. 일년 만에 찾아온 식탁에 앉아 기분 좋은 2차를 즐긴다. 평창을 떠나 영월로 단양을 거쳤다가 영월 석항 사북 정선 태백을 스치며 삼척으로 돌아온 여정을 되짚는다. 언니는 낮에 신물 나게 바라본 배추밭에 무한한 경의를 표한다. 배추산이라 해도 그른 말은 아닐 것 같다. 대장정이었음을 인정하고 안 가본 길에서 느꼈던 높이감과 굴곡을 되새긴다. 남들은 미리미리 사전 탐사에, 준비도 꼼꼼히 하건만 우린 늘 이 모양이다. 잠잘 곳만 해결되면 근심이 없어진다. 그런데 의외로 채비 없이 나서는 길에서 뜻하지 않은 즐거움을 찾아내곤 기어이 웃음 나팔을 분다.

이른 아침 산책길 한결 여유로워진 여름의 뒤태에서 일 년 전 걸었던 그날을 추억한다. 시간은 흘렀지만 사람은 그대로라는 것도 축복이 아닐까.

　숙소 뒤편 이사부 사자 공원을 넘어 추암 촛대바위 앞에 이르렀다. 동해와 삼척의 경계를 넘나드는 순간이다. 한물간 피서지는 짙푸른 동해의 참모습을 드러내는 중이고 이곳을 찾은 연인들 가슴만이 해당화 빛으로 물들고 있었다.

　오라는 곳 없다고 갈 곳도 없겠는가. 무릉계곡을 검색하니 뒷북만 치는 내비게이션은 한나절을 제시한다. 이번 여행이 아니더라도 효용성과 필요성이 절실했기에 동해시 어딘가에 들러 업그레이드를 받았다. 한결 똑똑해진 기계 덕으로 무릉계곡에 도착해 물소리와 함께 넘기는 더덕 백반 맛이 일품이었다.

　너럭바위는 그대로이건만 세월만이 쏜살같이 흘렀음을 실감한다. 바위 위에 이름 새겨 놓은 묵객들도 그런 심정이었던 걸까. 그 옛날 한양으로 향하는 길목이었던 두타산 오르내리며 넋을 잃다가, 저버릴 수 없는 욕심이 부른 흔적이 아닐까 한다. 계곡 따라 오솔길을 걷다가 신발이 무리인 듯해 물가로 내려섰다. 발을 담근 채 고개를 드니 눈앞에 보이는 암석들과 그 위로 바라보이는 산의 위엄에 신령함이 충만하다. 내려오며 삼화사를 둘러보던 길, 언니는 어제오늘 절에 들를 수 있어서 감사하다는 말을 했다.

　무작정 나선 1박 2일의 여행은 여기서 마무리해야만 한다. 집으로 가려면 어디로 가야 하나. 갔던 길도 제대로 못 찾아가는 길치는 역시나 안 가본 길을 택했다. 무릉계곡 입구에서 본 이정표대로 정선 방향으로 들어서 달방댐을 지나는 길은 호젓하고 아름다웠다. 동해와 정선 옥계가 이어지는 환상적인 길을 지나며 탄성 몇 번 내뿜다 보니 말로만 듣던 백복령이었다. 내내 산등성이와 하늘뿐인 줄 믿다가 보면 어느새 저만치 동해가 보인다. 숨을 멈추며 비탈진 길을 오르다 어느 순간에 턱 하고 가슴이 트이고야 만다. 작은 너그니재 큰 너근령 갈고개 등의 지명이 호감도를 상승시킨다. 어제에 이어 숨이 찼던 드라이브는 환희와 도전, 긴장과 즐거움의 연속이다. 동해에서 시작된 42번 국도를 따라오다 보니 어느새 집 앞이다. 또다시 다가온 헤어짐의 시간이지만 아쉽지 않다. 아무 때나 마음먹으면 무작정 나설 수 있는, 우리는 용감한 길치이기 때문이다.

겨울 전시회

 사계절을 누릴 수 있음은 분명 축복이지만 겨울은 약간의 두려움을 거느리는 게 사실이다. 딱 잘라 싫은 건 아니면서도 아무래도 움츠러들기 쉬운 계절이다. 한파는 기후에만 깃드는 것은 아니다. 외로운 사람들에게 겨울은 유난히 몰인정하다. 허한 가슴팍 사이로 황소바람 숭숭 들어오게도 하며, 누군가 그리워지기라도 하는 날엔 속수무책으로 짧은 해가 아쉽기만 하다.
 문득 태백으로 떠났다. 연탄불에 고기를 구워 먹는 실비집이 생각났으나 아직 끼니때는 아니었다. 눈꽃 축제를 구경하기로 했다. 수년 사이 여행객이 몇 갑절 늘어난 것이 놀라웠다. 엉하 이십 도를 오르내리는 날씨지만 울긋불긋 관광버스가 꽉꽉 들어찬 모습에 동장군 기개가 무색해질 지경이었다. 날 춥다고 갖은

엄살 부리던 나와는 달리, 하산하는 등산객 행렬은 끝도 없었고 가까운 사람들과 동반한 나들이객들로 온 산이 다 수런거렸다. 몇 년 전 왔을 때만 해도 보이지 않던 셔틀버스가 수시로 사람들을 실어 날랐지만 줄은 계속해서 꼬리를 물었다. 골 안이 활기로 들썩인다. 맵고 시린 요즘 날씨에 더운 나라를 그리워하던 참이었건만, 추위를 즐기는 사람들이 이토록 많은 걸 보니 날씨도 상품임이 틀림없었다. 그곳 사람들은 이 광경을 보면 부러워할까? 해마다 관광적자가 심각하다는데, 이곳만의 특색 있는 볼거리가 해외 관광객에게 많이 팔렸으면 하는 생각도 해본다.

눈(雪)으로 만든 거대한 조각들은 꽁꽁 얼어붙은 채 겨울을 보낼 것이다. 몇 날 며칠이 될지 모르지만 추위야만 살아남을 수 있는 눈사람과 함께 동심으로 돌아간다. 태백산엔 추위와 눈을 소재로 하는 성대한 겨울 전시회가 한창이었고, 길손이 누구든지 환영이었다.

순백의 배경 속, 꽃이 아닌 사람은 없다. 남녀노소 한 사람 한 사람 살아 움직이는 꽃임이 틀림없다. 꽃잎 감춘 봉오리, 피어나는 꽃, 만발한 꽃, 기품 있는 마른 꽃까지…. 그 빛깔들이 제각각 선연하다. 모처럼 밖에서 뛰노는 개구쟁이들은 넘어져도 울지 않는다. 뺨이 붉은 아이는 꽃눈을 품은 줄도 모른 채 서툰 모습으로 팽이를 지치고, 썰매 타는 아이들 틈에서 웃음 분자

퍼뜨리는 중년의 사내들도 있다.

  눈썰매로 이용되는 비료 포대가 순식간에 시간을 거꾸로 돌려놓는다. 솜눈은 소리 없이 내리곤 했다. 발 푹푹 빠지는 더딘 걸음으로 언덕으로 향할 때, 내 손에도 보물처럼 포대 하나가 들려 있었다. 오늘 태백에 와서 내가 놀던 모습을 본다. 알록달록 생뚱맞은 플라스틱 썰매에서 묻어나는 이질감이 없어서 다행이다. 어른들은 원래 다 그런 말을 쓰는 건지 알았다. '애들은 추운 줄도 모른다.'라는…. 누군가는 '아이와 장 단지는 얼지 않는다.'고 하더니 동심으로 흥 오른 아이들 얼굴에서 웅크린 구석은 발견되지 않는다.

  눈밭을 누비던 설피의 모습에서 세월의 발자국을 헤아린다. 흐르면 흐르는 대로, 쌓이면 쌓이는 대로 가버린 순간을 옮겨 놓았을 뿐인데, 오히려 세심히 느껴진다. 석탄 실어 나르던 기차 모양인 군고구마 화덕에서 눈을 못 뗀다. 쫀데기, 건빵, 뻥튀기, 엿을 비롯한 그 시절 군입거리에 마음을 도둑맞기는 그때나 지금이나 매한가지다.

  천지가 온통 무채색인 오늘, 사람들이 어울려 물들인 색감과 향기에 어느덧 추위는 봄눈처럼 녹았다. 오히려 들뜨는 걸 보니 수많은 인파의 활기에 나도 전염된 것이 분명하다.

  피할 수 없으면 즐기라는 말이 실감 난다. 더우면 더운 대로 추우면 추운 대로 누릴 수 있으면 최고다. 평창군 대화에서는 여름이면 더위사냥 축제가 열리지만 태백 눈꽃 축제 오는 이들은 추위를 사냥하며 득의양양하다. 그 기세 높던 한파는 잊은 채 마음을 데워가니 말이다.

겨울날 강원도에는 눈처럼 많은 이야기가 소리 없이 내린다. 춥지만 아름다운 이유이다. 게다가 언제 가도 한결같은 실비집 고기 맛 또한 눈꽃 덮인 도시를 다시 찾게 만드는 구실이 된다. 겨울이 등 돌리기 전 다녀가 보는 것도 나쁘진 않을 것이다.

(2019년 문학시대 신년호)

2.
아버지 자리

장승제

　면 소재지에서 우측으로 접어들었다. 봄의 푸릇한 생기를 힐 긋거리며 지나는데 초등학교 앞에서 수신호로 차를 막고 있었다. 무슨 일일까 궁금함도 잠시, 장승제라는 현수막이 보이고 몇몇 그 행사를 촬영하느라 분주하다. 그러고 보니 삼월 삼진 날이다. 전통 옷차림을 한 사람들이 모여 제를 지내고 몇몇 풍물패와 소리패도 보이지만 코로나 상황 탓인지 조촐하다. 멈춰서 구경할 시간은 안 되기에 지나쳐 왔지만 여러 생각이 겹쳐진다.
　요즘 길을 가다 보면 장승이나 솟대가 흔히 보인다. 부락민의 염원을 빌던 수호신이라기보다 조형물로 만들어진 그것들이 멋스럽지 않은 건 아니다. 도로를 지나며 스치는 단순히 볼거리만 같아 마음까지 와 닿지 않을 뿐이다. 오늘 본 장승제가 그러한 것처럼 말이다.

　초등학교 시절, 밭치리에 친구 숙이와 석이가 살고 있었다. 학교를 기준으로 내가 사는 마을과는 정반대 방향이었기에 한 번도 간 적은 없었다. 멀게만 느껴지던 그곳을 간 동기는 순전히 친구들 덕분이었다. 먼지 나는 황톳길을 걸으며 지루함을 느꼈던 것도 같다. 매일 지나치던 곳이 아니어선지 햇볕은 유난히 더 따가웠고 짙푸른 들판은 드넓고 평온했다. 계량리라는 곳을 지나 한참을 걷다 보니 춘천 밭치리와 홍천 밭치리로 나뉘는데 세 마을 모두 동급생이 살고 있기에 밭고랑 사이마다 호기심이 일렁거렸다. 숙이와 석이네 집은 춘천 밭치리라 그리로 발길을 옮겼고, 그날 천하대장군과 지하여장군 장승을 보았다. 첫눈에 굉장히 무서웠고 우람했다. 무성한 길옆 수풀이 성황당이라는 말 때문이었는지 한기마저 들었다. 친구네서 놀다가 집으로 가야 했을 때, 그 장소를 혼자 지나치기 무섭다 하니, 그 애들은 아무렇지도 않다며 흔쾌히 배웅해 주었다.

　내가 자란 뒤에도 그 마을 성황당과 장승은 자리를 지켰고 간혹 삼월 삼짇날이면 방송을 통해 주민들이 모여 제를 지내는 모습을 볼 수 있었다. 반가운 마음에 어릴 적 기억이 절로 묻어 나곤 했다. 등골이 서늘해졌던 그 장소는 자연에 기대 사는 이들의 안식처였다. 마을을 지키는 수호신과 조상께 감사하며, 풍년을 기원하는 마음은 경건했고 질병이나 액운이 마을을 넘보지 못하길 바라는 비손은 간절했다. 어른의 평안과 젊은이들의 건강, 후손들의 번영을 바라는 심정은 무구하기만 했다. 전통을 이어가는 삶 속에 공동체라는 뿌리 의식이 듬직해 보였다. 그 마을만의 풍습이 이어지리라 믿어 의심치 않았다.

민속적으로도 가치가 있던 그 지역 장승과 성황당이건만, 자본주의 이해 앞에서 그 혈통은 힘없이 무너졌다. 대기업에서 건설한 골프장은 수백 년 이어온 생활 전통을 무참히 갈아엎었고, 대대손손 울타리처럼 의지하던 이웃들은 뿔뿔이 도시로 이주했다. 터전이었던 시골 땅을 돈과 맞바꾼 후 어찌 좋은 일만 있겠는가. 한순간 벼락부자가 되고 보니 그 돈 때문에 사달이 나고 동기간에 의리가 상한 집도 더러 있었다.

지금 제를 지내는 주변으로 하나둘 장승이 세워지더니 시에서는 밭치리 장승의 문화적 가치를 복원하는 차원에서 작년에 11년 만에 제를 부활했다고 한다. 오백여 년 계승되던 흐름이 멈췄다 복원된 사이, 세상 만물이 몰라보게 변했다며 장승들도 격세지감을 느낄 것 같다. 그런데 나는 예전의 그곳이 자꾸 생각남은 왜일까, 위로는 섬김을 다하며 아래 후손의 안위를 기원하던 곳, 속마음 하소연을 내비치기도 전에 이내 마음이 정화되던 곳, 지친 길손에게 방향을 안내하고 그늘과 쉼터를 내주던 곳이 눈에 선하다. 타동의 소녀를 맞이하던 밭치리 천하대장군과 지하여장군 표정이 수십 년이 지난 지금도 또렷하건만, 오늘날 생경한 곳에서 치러지는 장승제를 지나치자니 왜 이리 헛헛한 걸까. 골프장에 밀려난 자리지만 오래도록 희망의 이정표가 되어 주길 바라며 그나마 되살려졌다는 위안을 삼킨다.

(2022년 문학시대 여름호)

못 본 척

　정통으로 내리쬐는 햇빛을 피할 수 있는 그늘 인심이 오후면 넉넉해진다. 뿐인가? 눈비라도 내리면 그런대로 피신처가 되기도 한다. 집 안에서의 통화가 거북한 사람이 걸터앉아 긴긴 통화를 할 수도 있고, 주점에서 한잔 걸치던 이들이 애꿎은 가로등 상대로 담배 연기를 뿜기에도 모자람이 없는 곳이다. 어디냐면 내 집 앞이다.
　보일락 말락 겨울의 꼬리가 자취를 감춰갈 무렵부터다. 해가 좀 데워질라치면 두런두런 이야기 소리가 들렸다. 가까이서 들리는 오순도순 말장단은 아침 연속극처럼 시작되었다간 어느 틈에 사라졌다. 시각이 배제되어서일까? 수런거리는 내용은 면전에서 듣는 것보다 적나라했다. 얼굴 모르는 누군가를 상상해 가며, 아이를 웬만큼 키워 놓은 아낙들이 동네를 산책하거나, 반가운 이웃들이 골목을 막은 채 안부 보따릴 풀어 제치는 거라 막연히 추측했다.

평소보다 게으름을 피운 어느 날, 1층의 가게로 들어서려는데 도로보다 약간 높은 시멘트 턱에 엉덩이를 붙인 사람들이 해바라기 하고 있다. 떼 지은 새들처럼 나란히 앉아 담소를 즐긴다. 내 주방과 바람벽 하나를 사이에 둔 채 매일 그렇게 이야기가 펼쳐진 것이다. 낮말은 새가 듣고 밤말은 쥐가 듣는다더니 그러고 보니 가게에서 우리가 떠드는 소리도 여과 없이 들리는 위치다. 코로나로 징역살이한 긴긴 겨울이 얼마나 지루했던가. 노인 일자리 사업에 참여한 어르신들 낯빛이 창백하면서도 해사하다. ○○복지관이라는 자수가 놓인 보라색 조끼에, 손에는 집게와 허룩한 쓰레기봉투가 들려져 있다. 요즘 사람들 얼마나 교양 있고 예의 바른가. 주머니 속 하찮은 종이쪽지라도 도로에 함부로 버리지 않건만, 쓰레기 귀한 골목에 배정된 인원은 아무래도 넘쳐 보인다. 더군다나 주민센터 미화원이 날마다 공들이는 길이다. 쉬엄쉬엄 일하시다가 말품도 팔 겸 쉬었다 가는 장소가 우리 집 시멘트 턱이다.

그날은 문을 엶과 동시에 박카스 병이 조각나 있는 게 눈에 띄었다. 깨진 유리 조각을 얼른 갈무리해야 한다는 생각뿐이었다. 아지트에 계신 어른들께 인사하고는 장갑과 쓰레받기를 들고 나와 유리 파편을 줍는데, 얼른 다가오시더니 사정하듯 만류하신다. 조금 쉬었다가 치우려던 중인데, 안에서 튀어나온 내가 손을 대니 마음이 불편하셨을까? 오토바이를 타고 등장한 남자 어르신이 자루를 벌리시는데 여간 미안하고 겸연쩍은 게 아니다. 우리 집 앞 내가 치우는 게 당연하건만, 그분들은 또 그렇지가 않은가 보다. 골목의 패잔병 같은 담배꽁초를 아침마다 줍는 남편에게 못 본 척해줄 걸 부탁했다. 그의 성향대로 집 근방 쓰레기를 다 주우면 어르신 할 일을 빼앗는 격이 될 수도 있고, 거리를 정돈한 후 갖는 성취감을 포기하라는 뜻일 수도 있기 때문이다.

누구든지 공약을 내세울 때면 우선 큰소리부터 치지만 일자리 창출의 길은 요원하기만 하다. 밑도 끝도 없이 텅텅 내뱉는 약속은 양질의 일자리, 지속적 자리가 아닌 숫자 늘리기에 급급하다. 젊은이들을 위한 취업의 문은 굳게 닫혀 녹이 슬건만 노인들의 일자리만 확대한다고 불평도 한다.

내 소속은 낀 세대다. 효 사상 속에서 자랐지만 자식들에게 그걸 바라선 절대 안 되는 첫 번째 세대이며, 경로사상을 배웠지만 '노인충', '틀딱충'이라며 노인을 혐오하기도 하는 세대와 동일한 사회를 구성하고 있다. 낀 세대의 눈으로 보면 어르신들이 그나마 소일거리가 있는 게 다행이다. 세대 간 균형이 기울어지는 고령화 시대에 하루가 달리 두꺼워지는 노년층이다. 소소한 활동으로 회색의 고독이 옅어지고 활력도 생긴다면야 그만큼 낀 세대의 어깨가 가벼워진다. 나의 노후와 다음 세대를 생각하면 마음이 어수선하지만 어르신들 일자리 사업 하시는 날엔 눈 질근 감고 몇 가지는 못 본 척하기로 한다. 원래대로라면 충분히 대접만 받아도 마땅할, 우리를 세상에 있게 해준 분들이다.

(2021년 시와 문화 가을호)

금빛의 부담

 한 몇 달 이래저래 큰돈 들어갈 일이 해일처럼 밀려왔다. 입장마다 지극히 주관적이겠지만 솔직히 말해서 내 처지에 적은 돈은 아니었다. 주변머리에 어디 부탁할 성질도 못 되는 나는 눈 질끈 감고 신용카드를 믿어 보기로 했다. 주인의 신임을 간파했는지 지출해야 할 일이 생길 때마다 제 본분에 충실한 카드는 미리 알아서 대기하고 있었다.
 카드의 마법은 지출 체감지수를 둔화시킨다는 것이다. 소소한 액수부터 부담스러운 금액까지, 얄팍한 부피감 어디에 그토록 듬직함이 내장되어 있는지 흑기사가 따로 없었다. 쓰면 쓸수록 친숙하고 게다가 민첩하기까지 하니 신임이 점점 두터워질 수밖에. 모르긴 몰라도 여태껏 사용했을 이십 몇 년의 금액을 다 합

쳐도 최근 몇 달 이용한 액수가 더 많을 것이다. 명세서가 날아올 때마다 간이 철렁철렁했지만 썼으면 갚는 건 당연지사, 그렇게 몇 달을 노심초사했다. 너그러운 할부 기간마저 지루한 고문으로 여겨지는 까닭에 대부분 일시불 결제였고 가장 긴 할부가 3개월이었으니 청구서 찍힌 수백만 원의 금액은 언제 보아도 최후통첩 같아서 두려웠다.

그렇다고 마냥 힘든 것만은 아니었다. 생활에 돈은 긴장감이 생각의 밀도를 유도했고, 불필요한 소비는 저절로 자제하게 되었다. 한 고비 한 고비 갚아나갈 때마다 야릇한 성취감은 낯선 희열을 동반했다.

어느 날인가 무심히 펼쳐본 명세서가 어딘가 낯설었다. 바뀐 뭔가를 알아차리기 위해 자세히 들여다보았다. 그러고 보니 종잇장이, 늘 보던 색이 아닌 누런 금빛을 띠고 있어 어딘가 모르게 고급스러웠다. 그 사이 신분이라도 상승한 걸까. 프리미엄이니 탑이니 하는 반지르르한 단어가 내 이름 앞에 붙어있다니 실소가 나왔다. 한 몇 달 돈 아쉬워 잘 쓰고 정해진 날짜에 갚았을 뿐인데, 빚쟁이면 빚쟁이지 모범 빚쟁이란 말인가.

말 그대로 신용카드다. 큰돈 아니라 작은 돈이라도 어느 누가 나를 보고 그 자리에서 융통해 주겠는가. 규모 있게 이용하면 시간 비용을 절약하고 신용도 쌓고 할인이나 적립 같은 이득도 따르지만 자칫 남용하면 한순간 무책임한 사람으로 전락하고 만다. 그렇게 되는 게 무서워 허덕이며 약속을 지켰더니 민망하게 사람을 추켜세운다. 큰 금액을 선뜻 빌려주겠다고 한다. 주머니 쌈짓돈이 넉넉지 않은 게 사용 이유건만 내친김에 현금까지 당겨써 보라는 선심을 아낌없이 베푼다. 썩 와 닿지는 않지만 우대 혜택이 줄을 이룬다. 커다랗고 힘 좋은 금융회사가 빨판을 숨기고 시시각각 소시민의 숨통에 관여하는 기분이 드는 건 왜일까. 인심 쓰듯 내미는 커다란 손으로 언제라도 안면 바꿔 목을 조를 것만 같다.

  몇 달 새 지출은 정상을 회복했고 그사이 명세서도 푸른빛 본연의 옷을 되찾아 입었다. 고단했던 상환 게임을 성공적으로 마치고 나니, 잠시 내 이름 앞에 붙었던 그런 부티 나는 단어들이 꽁무니를 감췄다. 갚아야 할 큰 액수를 봉한 금빛의 부담감이 사라져 얼마나 다행인가. 익숙한 푸른 명세서 덕분인지 요즘은 그야말로 살 것만 같다.

불 조절

 나무랄 데 없던 재료였건만 결국은 부끄러운 모습으로 접시 위에 담아야 할 때면 자괴감이 든다. 음식을 내놓으면서 스스로 만족하는 경우는 많지 않다. 하기는 완벽한 성공을 바라는 것도 아니었다. 갸웃거리며 익숙한 양념으로 덧씌우는 노력이 가상해선지 그럭저럭 동정표를 얻기도 한다.

 반면 실패라는 판정은 냉정하리만치 명확하다. 어느 경우나 마찬가지겠지만, 열 번 잘하던 것엔 둔감하다가도 한 번 실수한 잘못은 도드라지기 마련이다. 되돌릴 수 없이 망치게 된 원인은 언제나 사소했다. 그 이유가 매번 같아서 그때마다 당황했고, 그럼에도 반복되고 있다는 자각에 한심함이 삼켜졌다.

 어느 음식이건 뚝딱 거저 만들어지지 않는다. 기본 재료를 손

질해야 하고 그것을 매만지는 정성이 깃들어야 한다. 언제, 어떻게, 얼마나 넣느냐에 따라 민감하게 달라지는 양념 맛이 비법이라면 남과 다른 감각과 창의적 실험정신이 더해져 하나의 작품이 된다. 거기에 손맛까지 뒷받침된다면야 금상첨화일 것이다.

그보다도 먼저인 것이 불을 다루는 마음이었음을 요즘 와서 자주 통감하는 중이다. 젓가락질을 주저하게 만드는 원인이 내 솜씨 탓은 아니라는 안심으로, 대수롭지 않게 여겼나 보다. 원인은 불 조절이었음을 알면서도 여전히 잘 고쳐지지 않았다.

무언가를 불 위에 올려놓고 생각 없이 다른 일을 하다가는 낭패를 많이 보았다. 넉넉하리라 예상하며 끓인 국물이 바짝 졸아 있기도 했고, 촉촉해야 할 것들은 말라비틀어지기도 했으며, 부드러워야할 것은 질겨져 있곤 했다. 설마 했는데 시커멓게 타 버린 경우도 더러 있었다. 참으로 난처하면서도 기운 빠지는 순간이다. 간발의 차이란 늘 안타깝기 마련이고 시곗바늘은 거꾸로 도는 아량을 베풀지 않는다. 먹지 못하게 된 결과는 그렇다 쳐도 타버린 냄비를 닦아야 하는 숙제에 내 속도 숯검정이 된다.

막간에 다른 일을 한다고 해도 무리는 없으리라 여겨졌지만 그게 그렇게 생각처럼 되지만은 않았다. 아니나 다를까? 별 신경 쓰지 않았던 레인지의 화력은 지나치게 기세등등했다. 그 화신 앞에, 얌전히 지키고 있을 진득함도 없으면서 약불로 조절도 안 했으니 어쩌면 당연한 일이다.

영리한 척 득실을 헤아린 탓이다. 집안일을 할 때면 더욱 그렇다. 특별한 표시도 나지 않는 일은 의외로 많은 시간과 수고를 바란다. 잘한다고 칭찬 들을 리는 없지만 못하는 걸 드러내기는 식은 죽 먹기다. 흘러넘치는 물처럼 버려지는 게 아까워 나도 모르게 시간을 구획 지을 때가 있다. 한 가지를 할 수 있는 동안에 다른 것에 조바심을 내고는 한다. 불 위에서 뭐가 완성되기를 기다리는 동안을 이용하여 다른 일을 하거나 한눈을 파는 행동이 음식도 냄비도 내 심정도 타게 만든다. 이래저래 마음만 앞섰다가는 괜스레 탄내만 피우고 일거리만 자초할 뿐이니 불 앞에 서는 사람치고는 한없이 부족하다.

불은 다스리는 자의 생각과 기대를 고스란히 반영하기에, 조절하는 사람에 따라 천차만별한 결과를 내놓는다. 누구든지 그 앞에서 정직할 수밖에 없는 이유이다. 조리과정에서 불 다루기란 현실과 내면의 조화를 필요로 한다. 긴박한 겨루기처럼 시간을 낚아채야 할 때도 있지만, 가끔은 한없는 기다림을 시험하기도 한다.

아무리 좋은 재료라도 불길이 덜 미치면 설익을 것이요, 과하다 보면 백해무익 타고야 만다. 간절하던 마음이 미흡함으로 변하는 건 한순간이니, 잦추는 시간을 우습게 알지 말고 자만하지 말아야 한다. 불의 세기는 음식 맛을 좌우하는 요인이다. 상황에 따라 단숨에 센 불을 스치기도 하고, 몇 날 며칠을 푹 우려야 하는 경우도 있다. 은근히 졸이는 법을 터득하고, 기다리며 뜸도 들일 줄 알아야 하건만, 불 앞에서 손해 보기 싫었던 나는 뭐가 그리 조급했던 걸까. 지루할 수도 있는 기다림이 삶에 견주어지기도 한다. 정도와 깊이에 따라 드러남이 다르니 말이다.

그리고 보면 어느 한 날 생명으로 점화되어 한 줌 재로 남기까지 우리 삶도 하나의 불길이 아닐까 하는 생각이다. 다가오고 지나가는 희로애락에 인생의 불꽃은 부채질 당하기도 하고 제풀에 사그라들기도 한다. 훨훨, 순간의 불이 괜찮다고 마냥 좋아하는 건 한순간이다. 그 불길을 적절히 다스리는 건 쉽지 않은 일이다. 현란하게 너울대며 과열된 불꽃은 이래저래 나에겐 버겁다. 오래도록 사그라지지 않는 불땀이었으면 한다. 여전히 화력 조절에 서투른 나지만 이제부터라도 삶의 불 조절에 각별한 주의를 다짐해 본다.

비움과 채움

　집을 비웠다가 돌아오는 길은 두근거리면서도 왠지 불안하기도 하다. 내가 없는 사이 혹시나 있었을지 모를 작은 변화가 나를 그렇게 만든다. 읽지 않은 신문과 뜯지 않은 우편물이 쌓여 생각보다 수북해 보인다. 하나둘 포개진 즉석밥 빈 용기가 유별나게 가지런해 보이는 바람에 뜻하지 않게 안심을 가져다준다.
　오랜 친구들과 여행을 다녀왔다. 그럭저럭 일 년 만이라지만, 생각해보니 많은 날이 후딱 지나 있었다. 삼백 몇 십 몇 날 동안 우리 넷은 각자의 자리에서 다른 삶을 살아냈지만 한편으론 늘 앞, 뒤, 언저리에 있었던 것도 같다. 저마다 크고 작은 일들이 겹겹의 순간으로 촘촘히 박혀있는 일기장 한 권씩 마음속에 품고 있었다. 책장에 빼곡히 끼워진 책자처럼 보일 듯 말 듯 먼지를 덮어쓴 채로 조금은 힘을 주어야 끄집어낼 수 있었다. 누군가 한 사람이 앞서 페이지를 들추려다 보면 덩달아 즐거워서 배를 잡았다가, 안타까워서 같이 속이 상했고 공감하느라 착잡해지고는 했다.

사람도 장맛도 묵을수록 좋은 건가 보다. 굳이 헤아려보자면 셋은 일곱 살 코흘리개로 만난 초등학교 동창이다. 강산이 변하는 걸 네 번이나 겪어냈고 나머지 한 친구도 고등학교 동창이니 삼십 년 세월을 가까이 지냈다. 흉을 봐도 흉으로 느껴질 않고 욕을 해도 정으로 새겨들으려 하니 어린 날 명징하기만 하던 눈과 귀도 세월 앞에서 무뎌진 것이리라.

며칠간의 동행을 위해 저마다의 삶을 각자 조절해야만 한다. 앞으로 슬그머니 당겼다가는 뒤로 팽팽하게 조일 각오를 하면서 함께할 시간의 테두릴 조금이라도 느슨하게 만든다. 결론은 함께함이 좋으니 떠나자는 것이었다.

누군가, 여행이란 계획하고 기다리는 동안이 가장 즐겁다고 했다. 생각만 해도 웃음 번지는 나날이 다가올수록 한편으론 미안한 감을 지울 수 없다. 이래저래 어쩔 수 없는 낀 세대인가 보다. 집 비우는 동안 먹을 반찬과 간편식을 사다가 눈에 잘 띄게끔 식탁 위나 전자레인지 근처에 놓아두었다. 전열기구나 전기 콘센트, 가스 밸브, 보일러, 수돗물까지 확인하라며 현관문에 대서특필로 적어놓았다. 나보다 찬찬해서 더 꼼꼼히 점검할 게 뻔하건만 괜한 노파심이다. 인정하면서도 버리지도 못하는…. 어쩌면 나 없는 공간과 시간을 더 좋아할 수도 있으련만, 그렇게까지 비극적으로 되고 싶진 않다면 이기적인 걸까.

군소리가 없다는 게 때로는 더 뒤통수 근지럽고 황송할 때가 있다. 그러면서도 이왕 떠나는 거 나가서까지 집 걱정하지 말고 기분 좋게 갔다 오라는 말에 늘 감동을 받는다. 미안함은 미안함일 뿐, 내 생각도 그렇다. 문밖을 나서기까지가 문제지, 일단 나가면 주어진 상황에 충실하며 순간을 즐기는 게 상책 아니겠는가. 새삼스럽게 내 나잇적 엄마 생각이 난다. 예전의 여성들이 우릴 본다면 '세상 잘 타고 태어났다.'고 하실 지도 모를 일이다.

마지막까지 효도하고 처음으로 버림받는 세대라는 달갑지 않은 수식어를 달고 태어났다. 나는 요즘의 출산 양육대책을 보며 격세지감이 든다. 하물며 내 윗세대들은 어떨까. 결혼한 부부 사이에서 아이가 태어나는데, 나라에서 주머니를 여는 세상이다. 겉으로는 참 좋은 시절이건만 체감하는 삶의 질이 만만치 않은가 보다. 지원이 늘어나면 늘어날수록 아이 낳을 엄두가 안 난다니 근본적인 어려움이 적잖은 것이리라. 이전 세대, 우리 세대. 후세가 자란 환경이 저마다 다르지만 '시대를 잘 타고 나야 한다'는 말은 어느 세대에도 어색하지 않으니 그때그때 요긴한 말임은 분명하다.

어떤 시대를 살건 간에 누구나 즐거운 인생을 꿈꾸고 그렇게 살기 위해서 노력한다. 크건 작건 즐거움이란 찾아내야 하고 만들어내는 것이다. 현대인의 삶의 질을 들여다보면 공허감 앞에서 맥없이 포위당하는 그 주기가 점점 짧아진다. 답답해 보이면 비우고 싶고 허전하면 채우고 싶어 한다. 채움의 충만이 있으려면 비움의 결단이 먼저여야 한다. 버릴 건 버리고, 놔 줄 건 놔 주고, 잊을 건 잊어야만 또 다른 즐거움이 문을 두드리는 소리를 듣지 않겠는가.

굳이 가정과 직장에 불만이 없더라도 일 년에 한 번 친구들과 함께하는 시간은 내 삶에서 또 다른 도파민이 되어준다. 설렘과 행복 즐거움으로 주어진 삶을 채우기 위해 그동안 놓아버리지 못한 안 좋은 뭔가는 버려야 한다. 예고 없이 누적된 여러 순간 중 어찌 즐겁고 아기자기한 것들만 있었겠는가. 비워내야 할 것들 훌훌 털어내며 이심전심 위로가 되는 친구들이다. 스스로의 삶이 곪지 않으려면 가끔은 상처에 찬바람을 통하게 해줘야 함을 다행히 우리는 알고 있다. 시대를 공유해온 우린 또다시 숨을 들이쉬며 비워내기 연습에 열중할 것이다. 저마다의 테두리 안으로 스며들 행복을 감지하느라 온갖 촉수를 곤두세운 채, 다가오는 일 년을 채워나갈 것이다. 묵묵히⋯.

춥지 않은 계절

　'나누길 좋아하는 사람은 아마도 마음의 통로가 넓을 것이다' 라고 써놓고 보니 참 당연한 말이다. 이것저것 챙겨서 쟁여놓기 바쁜 삶이란 얼마나 그 속이 비좁을 것인가.
　생각 없이 한 행동이었는데 불쑥 되돌아온, 뜻하지 않은 호의 탓에 적잖이 난처함을 느꼈다. 대문 없는 파란 지붕 집을 지나는데 아주머니가 검정 봉지를 내밀었다. 올망졸망한 달걀들이 조심히 들추는 나를 보며 낯을 가렸다. 산 밑 닭장에서 키우는 청계 알이라고 했다. 듣기만 해도 귀티가 나는 대글대글한 부피감이 손바닥에 오롯이 닿고 있건만, 그걸 받아들 이유가 떠오르지 않았다.
　사람 한두 명 겨우 지나갈 만한 골목을 지날 때면 주인 양반의 손끝을 상상만 했을 뿐이다. 나무 다듬는 재주가 있으신 듯했다. 주위를 에워싸는 은은한 나무 향과 쌓여가는 톱밥을 보노라면 왠지 모를 호기심도 덩달아 누적되곤 했었다. 미안했던 건, 봄이면 그 집 앞 자줏빛 매발톱꽃이 어찌나 흐드러지던지 흑심을 품었던 적이 더러 있었다. 꺾고도 싶고 뿌리째 갖고도 싶었다.

알고 보니 순돌이 때문이었다. 대문 없는 집을 지키는 흰 개가 어찌나 순한지 이름 하나 붙여 주었다. 고기나 생선을 갖다주면 격하게 반기면서도 체통은 잃지 않았다. 품위를 잃지 않을 만큼 먹는 속도를 조절할 줄도 알았다. 복스러운 품새가 대견하다고 생각했는데, 아주머닌 개를 챙겨주는 게 너무 고마웠다며 지나가길 기다린 눈치였다. 그래 봐야 먹고 남은 것이었는데 난 감함과 감사함이 널이라도 뛰는가 싶었다. 푸르스름한 청계 알을 마주칠 때마다 마음이 새벽처럼 밝아오는 기분이다.

겨울엔 그것만이 가진 고유한 기운이 있다. 소소한 들뜸으로 간질거리지 않으며, 왕성한 욕심으로 함부로 탐욕하지 않는다. 앞만 보며 오던 길 되짚어보게 하는 시절이며, 주위를 돌아보게도 만든다. 해묵은 것들에서 새삼 평온을 느끼다 보면 뜻하지 않던 감동이 정리되기도 한다.

이맘때면 소리 아닌 침묵으로도 대화하는 법을 알게 된다. 설경이 주는 아름다움 중 가장 으뜸은 역설적이게도 눈 쓴 자국이다. 어릴 적 눈 내린 아침나절이면 왠지 모르는 푸근함이 마루로 이끌었다. 눈이 주는 들뜸으로 세상은 눈이 부셨고 마당 언저리엔 넉가래로 밀어낸 눈덩이가 작은 언덕을 이루었다. 그런 날이면 유난히 길어 보이는 샛길에 아버지의 흔적이 새겨지곤 했다. 이름 모를 화공의 붓 자국 같은 싸리비 흔적으로 세상이 온통 정갈해졌다. 아린 손 참아가며 잔등 숙인 채 한 번씩 스쳐 간 비질의 흔적엔 사람을 정돈시키는 힘이 있었다. 순백의 설원 한복판, 나와 같이 이웃을 생각하는 마음씨가 읽혀져 오히려 엷은 땀의 훈기가 느껴지곤 했다.

 이곳에 적응하며 가장 힘들었던 점은 사람들이 무뚝뚝하다는 거였다. 조금 시간이 걸렸을 뿐인데, 내가 너무 성급했던 것이다. 나 또한 온전히 마음을 열지 못했음을 뒤늦게야 알았다. 무심코 행하는 행동마저 호의라 여기는 이웃들은 번갈아 가며 무언가를 주고 싶어 했다. 표현함에 있어 매끄럽지 않을 뿐이지, 하나를 받고는 둘을 주지 못해 안달하는, 그지없이 다정한 이들이 참으로 많다.

 한 며칠 동장군의 심술이 대단했다. 기록적인 한파에 파란 지붕 집을 지켜내는 순돌이 생각보다 나이가 어리다. 2년 조금 넘었다고 한다. "손!" 하는 소리에 귀찮은 내색 없이 뭉툭한 앞발을 내민다. 고마운 노릇이다.

  골목길 돌아 나오는 동안 아련한 기운이 나를 휘감았고, 그 행복감에 전신을 내맡겼다. 은빛 비늘처럼 얇은 눈 위로, 어느 틈에 지난 건지 빗자루 자국이 뚜렷했다. 더불어 살아가는 이웃을 염려하고 사랑하는 훈훈한 속마음이 선명히도 드러났다. 오랜만에 보는 겨울 풍경이다. 처마 밑에 고드름 실하게도 보이건만 누군가의 온기로 세상은 그렇게 식지 않고 있었다.

선입견

처음 본 고객이 평생 단골이 되느냐 마느냐 가름되는 시간은 단 15초, 누군가와의 첫 만남에서 그의 인상이 결정되는 데는 고작 3초가 걸린다고 한다. 심지어 면접관을 오래 경험한 이들은 문을 열고 들어서는 면접자를 1초면 파악할 수 있다고도 한다.

강렬하고 선명해서 때로는 화인 같은 첫인상이지만 치명적인 오류를 안기기도 한다. 의도하진 않더라도 첫인상이 좋았던 상대에 대해서는 계속 그에게서 좋은 점을 발견하고 싶고 기대하게 된다. 이유 없는 후한 감정을 갖게 된다. 3초의 마법으로 시작된 연인들 중 수십 년을 같이하는 부부의 비율이 어떻게 될까. 감전 당하듯 짧은 순간에 마음을 빼앗긴 선택이 옳기만 했다면 커플이 남남이 되는 일도, 헤어져 원수가 되는 일도 없을 것이다. 반면 첫인상이 글렀던 경우, 처음 인식된 편견을 바로잡는 데 수월찮은 시간이 걸리는 걸 보면 첫인상이란 명백한 오류를 품은 시험지 같다. 믿을 게 못 되는 게 첫인상이어도, 이왕이면 좋아 보이고 싶은 게 인지상정이다. 첫인상에 끌렸다가 실망하느니, 처음엔 별로였어도 어느 순간 좋아져 있는 사람이 백번 낫다는 걸 모르지 않으면서도 말이다.

눈으로 보고 혹은 귀로 들으며, 사람인 이상 이래저래 선입견에서 자유롭지 못하다. 출신지나 학교, 취미나 종교가 같을 땐 친근감이 앞서는 것도 알고 보면 무의식적 편견이고 개인의 취향이나 사고에 대어보는 잣대에도 앞장서는 게 선입견이다.

첫인상의 실패는 쓰디쓴 약이려니 툭 털어 삼켜버리면 그만이지만, 정말로 위험한 건 주위 평가로 인한 선입견이다. 본의 아니게 얻어진 정보로 몇 배의 곤란을 떠안았던 큼지막한 흔적이 내게도 있다.

초로의 A는 일 때문에 만난 사람이었다. 거래처 사장님이 그만두면서 새로 인수인계를 해주셨기에, 아직 친숙하지는 못했지만, 시나브로 낯을 익혀갈 무렵이었다. 이 일을 하기 전에 어떤 일을 했는지 가끔 들러 커피 한 잔 마시던 그의 입에서 무의식 중에 새어 나왔다. 알고 보니 내가 아는 B와 같은 사업장이고 일한 시기도 겹쳤다. 나중 B와 이런저런 얘기를 나누다 A얘기가 나왔고, B는 잘 아는 분이라며 알 듯 모를 듯 애매한 웃음을 지었다. "꼬리가 길면 잡힌다고 물건을 빼돌려 팔아먹는 걸 사장이 알게 되었다."는 게 A가 전 직장을 나온 이유였다고 했다. 급하게 새로운 일을 찾아야 했을 거라며….

  A는 일에 대해서도 하자 없을 뿐만 아니라, 왠지 참 편하고 좋다면서 일 그만두는 날까지 같이 하자는 말을 가끔 하셨다. 힘 안 들었다면 거짓말일 개인사를 허심탄회하게 털어놓으실 때도 있었는데 묵묵히 들어주는 게 고마웠을까? 스스럼없이 드나들었지만 문제는 나였다. 지금의 A로만 대하면 되는데 B가 말했던, 내가 알기 전의 A가 이따금 머릿속에서 튀어나왔다. 그럴 때면 점잖은 그가 가면 쓴 모습으로, 예의 바른 행동거지마저 물건에 손대며 이리저리 눈속임하던 모습과 오버랩 되기 일쑤였다. 그가 친절하면 할수록, 다가오면 올수록 더욱 그 증상은 또렷해졌는데 이는 적잖은 피로감으로 나의 진을 빼곤 했다. 무시로 그는 자신을 내보이며 이야길 들어줄 수 있는 곳을 향해 왔을 것인데, 희미한 안개 속으로 나는 자꾸 숨고 싶었다.

  후에 다시 만난 B의 입을 통해 그가 말했던 사람은 전혀 다른 이였음을 알았을 때 안도의 숨이 새 나왔다. A형님은 법 없어도 살 사람이라는 말에 '그럼 그렇지' 하는 생각이 들었다. 겪어 보기도 전에 한 사람의 인생을 있는 그대로가 아닌, 색안경

너머로 바라보았다. 지금처럼 오래 보았더라면 처음 B의 말이 금방 믿어지지도 않았을 것이다. 뒤늦었지만 만약 B의 정정이 없었더라면 어땠을까? 그나마 다행이라지만 아무렇지 않은 게 아니다. 생각하면 아찔하다. 아무래도 이번 흔적이 옅어지려면 오래 걸릴 것 같다. 잊었다가도 불쑥 되살아나고, 나은 것 같다가도 그분을 볼 때면 마음이 저리며 죄스럽다.

 사람을 알아가는 일은 그의 어제를 인정하고 오늘을 헤아리며 내일도 함께이길 기원하는 일이다. 바람결에 들리는 또 다른 말이 득이 될 수도 있고 독이 되기도 한다. 획 하나 차이가 이처럼 엄청난데 무심코 흘러나오는 내 말은 '득'과 '독' 중 어디에 가까울까. 누군가에게 그릇된 선입견을 전할 수 있으니 세 치 혀 다스리기는 평생 고민해야 할 과제인가 보다. A사장님만 좋으시다면 끝까지 함께하고 싶다.

소소해도 괜찮아

전 세계가 우울의 홍수 속에서 출렁거린다. 지구촌 구석구석을 삼키려는 늪에서 헤어날 방법은 아직도 안 보인다. 사람들 마음은 많이 지쳐있다. 나 역시 마음에 드리워진 먹구름이 오랫동안 떠날 생각을 않는다. 불청객으로 찾아온 그늘아래서 두 번의 계절이 오고 갔다. 실타래처럼 연결된 하루하루, 뜨기 싫은 눈을 억지로 달래선 아침을 응시한다. 찌뿌듯하니 고단하다. 납덩이를 지닌 것도 아닌데 온몸이 묵직하다. 출발하기가 어렵지, 눈만 뜨면 하루는 순식간에 흘러간다. 하루 종일 무슨 생각을 하든, 어떤 소식에, 무슨 일이 일어나든 어둠은 어김없이 찾아온다. 기억하고 싶은 게 별로 없는, 잊어버리고만 싶은 하루하루를 사는 일은 굉장히 고된 일이다. 생각하기 싫어 예능프로에 한눈을 판다. 억지로라도 웃어서 현실을 회피하고 싶다. 작년까지만 해도 여행 주선하기를 즐기던 나였다. 가족과 친구들과의 여행계획을 언제 또 짤 수 있을지 기약할 수 없다. 좋은 사람들과 훌쩍 떠나고 싶은 소망이 이리도 간절해질 줄은 몰랐다.

추운 날 줄을 서 사야 했던 마스크를 아직 벗어 던지지 못한 채 칠월을 보냈다. 올해 들어 나를 처음 만난 사람들은 내가 어떻게 생겼는지 모른다. 마스크 위 피곤한 눈빛만을 기억할 것이다. 상대방의 처지도 다르지 않으니 그나마 이심전심이다. 그렇게 우린 다가서지도 밀어내지도 못한다. '거리 두기', '몸은 멀어져도 마음은 가까이' 같은, 감성으로 이해 못하는 말을 이성으로 주워 삼켜야 한다.

마스크는 이제 양말보다 필수품이 되었다. 빼꼼한 시선에 나 역시 불안한 경계의 대상일지도 모른다. 가까워지기 꺼리는 거리에서 서로의 목소리는 마스크 속에서 웅얼거린다. 눈을 더 쳐다보며 소리에 집중해야 한다. 가림막이 설치된 장소에서는 이중으로 걸러지는 음성에 필사적으로 귀를 쫑긋거려야 한다. 귀가 어두워진 건 아닌가? 하는 공허한 상상도 한다. 마스크 없으면 대중교통을 이용할 때도 그렇고 출입을 통제하는 곳이 많다. 반년의 시간 동안 뒤바뀐 일상이 이러하니 멀쩡하던 사람이 어찌 멀쩡함을 유지하겠는가. 오랫동안 만나지 못한 사람들과 나눌 이야기들이 쌓여가다간 이내 희미해진다. 별거 아닌 농담에 치아를 드러내며 웃던 시간들이 아련해진다. 나는 나대로, 그들은 그들대로, 각자 나름대로 우울한 시기를 잘 견디길 바랄 뿐이다.

반갑지 않던 코로나는 쉬이 떠나지 않을 것이다. 앞으론 이보다 더 지독한 불청객들이 호시탐탐 우리 삶을 노릴 수도 있다. 일상이 이러하다면 더 이상 마음이 황폐해지는 걸 눈 뜨고 바라볼 수만은 없다. 내 삶을 지키는 방법도 달라야 한다. 지금이 여름이어서 천만다행이다. 초록이 한창이다. 손바닥만 한 뒤란에서 매일매일 경주가 벌어진다. 호박꽃 사이로 꿀벌이 드나들고 심지도 않은 나팔꽃 덩굴이 고춧대를 타고 오른다. 배리배리 말라가던 풀꽃들이 흠뻑 물을 먹고 나면 언제 그랬냐는 듯 탱탱해진다. 날마다 새로 생기는 그곳의 이야기는 굳이 마스크를 쓰지 않고서도 귀 기울이고 눈 맞출 수 있다. 아침마다 뒤란에 나선다. 하루가 다르게 나고 피며 맺고 떨구는 모습이 경이롭다. 그 모습을 볼 수 있음에 감사하며 마음을 가다듬는다. 이 식물들이 없었다면 어쩔 뻔했을까. 소소하게 심었던 모종들이 큼지막한 행복으로 돌아왔다. 코로나와 공생해야만 하는 지친 현실을 초록 이파리들이 일렁거리며 다독거린다. 괜찮다고, 아직까지 잘 견뎠다고, 그리고 지나갈 거라고.

아버지 자리

아버지의 자리는 늘 거기였다. 등긁개, 보시던 책, 돋보기, 일자 빗, 그리고 무료함을 달래주던 화투가 그럭저럭 낡은 소파와 어울리는 그 자리는 아버지만의 것이었다. 누구도 그 자리에 앉을 생각을 안 하는 대신에 거기 계신 아버지의 눈치를 살폈다.

제 빛깔을 잃은 소파와 내가 앉는 거리는 늘 그만큼이었다. 어느 정도의 간격을 두고는 식사를 하자고, 커피를 드시겠냐고 물었고 무료할라치면 동네 근황을 여쭙기도 했다. 기분이 좋으면 한 번씩 웃으며 성큼 다가와 흐뭇한 목 넘김으로 막걸리를 즐기시기도 했다. 아버지의 기분에 따라 그날그날 날씨가 달리 느껴졌다. 주름에게 자리 내준 입꼬리에서 온화한 기운이 감돌면 세상은 평온했고, 대기에 우울한 변화가 감지될라치면 아버지 모습은 어느새 고독해져 있었다.

  큰길과 면한 창은 웬일인지 점점 커져가는 것 같았다. 사시사철 돌림노래처럼 되풀이되는 창밖 풍경은 아버지로 하여금 누군가를 기다리게 만들었고 누군가 떠나는 모습을 보이게끔 했다. 일찌감치 집 떠난 아이들이 어쩌다 한 번씩 드나들었다. 그들이 데리고 오는 손자들이 아버지보다 우선시되었고 눈길과 관심을 받았지만 그럴수록 좋았다. 그렇게 해서 오래된 공간에도 가끔 웃음과 활기가 번질 수 있었다.

  해묵은 소파와 한 몸이 된 아버지는 점점 자신을 닮아가고 있는 자식들을 지켜보셨다. 그 속에서 지난날 뜨거웠던 의지를 떠올렸고 혹독했던 시련이 되살려지면 이정표 없던 절망의 숲이 어제인 듯 그려졌다. 새끼들은 고스란히 아버지를 닮고 있었다. 견디기 버거웠던 어느 순간처럼 먹고 살아내느라, 고슴도치처럼 제 아이들을 건사하느라, 겹겹이 쌓인 책임을 감내하느라 어깨는 내려앉고 머리카락은 힘을 잃은 채 희끗희끗해 있었다.

  아버지만이 앉는 덴 줄 알았던 자리에서 나는 팔걸이를 베고 드러누워 책을 보았다. 상상할 수 없던 내 행동이 멋쩍고 실감이 안 난다. 계실 땐 어려워 가까이 못 오다가 이제 와 벌렁 두 다릴 뻗고 있다니…. 나만의 행동이 아니었다. 문득문득 그곳에 앉아있는 얼굴이 바뀌어 있었다. 철부지 자손들을 지그시 바라보던 얼굴이 어느 순간 어머니로 변해있기도 했고 아버지를 어려워하던 사위들일 적도 있었다. 존경하는 마음과는 별개로 가까이 가기 힘들었던 자식들은 그곳이 비어있는 틈을 타 슬금슬금 엉덩이를 들이밀었고 개구쟁이 손자들은 푹신한 놀이터로 삼았다. 혼자만의 공간이었던 아버지 자리가 선심 쓰듯 우리에게 쉴 곳을 내준다.

아버지라는 세 음절은 나를 퇴행시키는 이상한 단어였다. 그 때도 지금 같고, 지난주, 몇 달 전, 작년의 언제쯤, 오래전 어느 때로 툭하면 거슬러 올랐다. 말과 표현은 어쩐지 아끼게 되면서도 생각은 늘 그리로 향하던 아버지란 존재 앞에서 더 이상 성장하기란 힘들었다. 어릴 적 어부바 소리와 함께 너른 등을 내밀던 아버지는 언제부턴지 친근한 바람벽으로 서 계셨다. 당연히 존재한다고 믿었던 둥지였기에 나는 그 벽을 어루만질 줄을 몰랐다. 비 안 맞게 자리 내주고 온몸으로 바람 막아주며 이리저리 쓸리고 마모되었을 아버지를 헤아리지 못했다. 실컷 아버지의 얼굴을 쓰다듬고 손을 주무르고 있을 땐 말없이 눈을 감고 계셨다. 거짓말처럼 그렇게, 연극처럼 그렇게….

아이들을, 아이들의 짝들을, 아이들의 아이들을 기다리신 아버지. 창밖의 환한 벌판, 발 디디면 한평생 당신이 일군 터전이건만 횅하니 비어 있던 무대에서 아이들이 뛰어놀길 바라던 아버지의 소망을 이뤄드리지 못했다.

　부모님을 뵈러갈 때마다 어디쯤 오냐고 묻는 음성에 들뜬 조바심을 숨길만큼 치밀하지 못했던 아버지도 나만큼이나 잔정표현이 엉성했다. 창밖으로 집중되는 지리한 기다림이 때로는 부담이었다. 불시에 찾아가기라도 하면 멈추는 차 소리와 함께 자리에서 일어서며 마법처럼 환해지던 아버지의 낯빛은 그래선지 박꽃 같았다. 정갈해서 애틋하고 무심한 듯 한결같지만 무슨 이유인지 매번 가슴은 달처럼 부풀었다.

　아버지 가신 자리가 이리도 휑하고 시리다. 헐벗은 채 세상으로 밀려난 심정이고 누군가 손가락질하는 거리에 얼굴 들고 나선 것 같다. 어째서 더 살갑지 못했냐고 바람이 나무라고 햇볕은 햇볕대로 고문한다. 아버지를 외롭게 한 사실을 아느냐고, 아버지 없는 아버지 자리…. 채우고 또 퍼 담아도 소용없는 한없는 공간이건만 그 자리 앉으면 아련하게도 푸근해진다. 인사도 없이 곁을 떠난 아버지가 자꾸 나의 시간을 되돌린다. 가끔은 나를 그분의 쓰다듬을 기다리는 어린아이로 되돌려놓기도 하지만 두려움은 없다. 아버지가 남기신 나침반이 있어 길 잃을 걱정은 없기 때문이다.

(2024년 한국수필 5월호)

'반려'의 무게

잊을만하면 사람들 입에 오르내리는 얘기에 '반려견'의 문제도 한자리하고 있다. 인기 연예인이 키우던 개에게 물린 행인이 패혈증으로 숨지고만 안타까운 소식도 있었다. 누군가에게 위로가 되던 존재가 또 다른 누군가에겐 끔찍한 재앙이 된 것이다. 예기치 않은 사고가 종종 일어나는 걸 보면 그만큼 개와 가족처럼 살아가는 인구가 많아졌다는 해석이 가능하다고 본다.

'개'는 사람과 가장 친밀한 동물이다. 품종과 습성 못지않게 유용성 또한 다양하다. 애교가 많아 얼음장 같던 사람 마음도 데워놓는가 하면 가축이나 재산을 지킬 때는 든든하기가 파수꾼 몇 명 몫은 너끈히 한다. 사냥을 하거나 썰매를 끌어서 인간을 돕는가 하면 범죄 수사에도 활약상이 대단해 여러 방면에서 이로운 점이 많은 동물이다. 영리한 데다 붙임성이 좋아 주인을 잘 따르고 의리도 있지만 그렇지 않은 사람에겐 경계심이 상당해 이유 없이 배타적이기도 하다. 때에 따라선 바로 그런 점이 주인이 요구하는 특성일 수도 있을 것이다.

어릴 적부터 마당 한 귀퉁이를 개와 공유했기에 가끔은 친구처럼 각별히 여겨지기도 했다. 아픈 이별을 예견 못 하고 애완견을 키웠던 게 그리 오래된 일도 아니건만 언제부터인지 '애완견'이란 말은 해묵은 단어라도 된 것 마냥 '반려견'이라는 말이 흔해졌다. 두 단어가 가리키는 동물은 같을지언정 의미상으론 어마어마한 차이가 있다. 좋아한다는 이유로 곁에 두고, 귀여움과 사랑을 받기만 해도 되는 대상이 애완견이라면 반려견이라는 말에는 더불어 세상을 살아가는 단짝이라는 존재감이 만만치 않다.

그런 반려견이 사람을 해치는 이런저런 사고를 접하면서 여러 가지 생각을 하게 되었다. 남의 아이를 예쁘다고 만지거나 섣불리 안아줘도 안 된다던 말이 떠올랐다. 젊은 엄마 중에는 싫어하는 경우도 있고, 자칫하면 오해마저 받을 수도 있다는 얘기였다. 요즘은 그러한 대상이 다른 집 아이에게서 개로 확대 적용해야 함을 인정할 때인가 보다. 함부로 만지다가 만약 물리기라도 하면 어쩔 거냐는 생각이 든다. 말을 걸거나 쓰다듬는 것도 조심스럽지만 아는 체 해달라며 꼬리에 힘을 주는 생명을 못 본 체하기도 생각만큼 쉬운 일은 아니다.

개에게도 겉으로 드러나지 않는 심리가 있다. 자기감정과 상관없이 무시로 사람을 즐겁게 해주고 무작정 고개 숙일 의무가 사실은 없지 않은가. 다반사가 되어버린 사고 소식에 '옐로우 독 프로젝트'를 알게 되었다. 사람에게 예민하고 공격성이 있거나 스트레스로 불편한 경우, 수술 후유증이나 질병이 있는 개들에게 유익하다. 노란색 리본이나 스카프를 매어 줌으로써 혹시나 있을지 모르는 피해를 예방한다는 취지이다. 노란 장식을 한 반려견을 만날 경우 예뻐해 주지 말고 그냥 지나쳐 달라는 무언의 양해라고 한다. 누군가의 반려동물을 이해하는 태도도 이렇듯 다시 생각해볼 일인데 하물며 그를 기르는 개 주인의 자세는 어떠해야 되겠는가. 자신의 반려동물이 남들에게 피해는 주지 않는지 더욱 주의를 기울여야 할 것이다. 정서적 교감이 친밀하면 할수록 그 책임의 무게 또한 절대 가볍지는 않다고 본다.

듣기만 해도 따스한 기운이 퍼지는 반려라는 말을 새길수록 인간은 혼자서 살 수 없음을 깨닫는다. 심장이 멎지 않는 한 마음속에선 같이하고픈 대상이 늘 그리울 것이고, 그 범위 또한 늘어날 것이다. 반려자라는 말보다 반려동물이란 말이 자주 들리는 세상이 다가왔다. 그런 대상을 대하며 성숙해져야 하는 것은 어느새 우리 몫이 되어 있었다.

(2018년 문학시대 여름호)

3.
경춘선

한글 주인은 누구인가

　정확한 설명을 해주는 약사가 살갑기 때문일까. 우리 동네 ○약국은 갈 적마다 분주하다. 의약품을 광고하는 손글씨가 정겨운 탓에 오래오래 눈길이 머물곤 한다. 앙증맞고 예쁜 글씨체들이 인테리어 소품 노릇을 톡톡히 한다. 오늘은 장날이라선지 작달막한 공간이 비좁게만 느껴졌다. 혼잣손에 환자들 증상을 듣고 약을 내어주기도 하고 처방전대로 조제해 포장하랴 계산하랴 상담까지 해대느라 약사는 눈코 뜰 새 없었다. 아직도 서너 사람을 더 보내야만 내 순서가 될듯해 기다리는데 젊은 여자가 불룩한 장바구니를 들고 들어섰다.
　"싸장님 안녕하세요."
　"네 어서 오세요." 인사하는 목소리는 다정했지만 눈은 하던 일에 머물렀고 흰색 가운의 손놀림은 여전히 바빴다.

"싸장님 이찌 찌약 있어요?"

"쥐약이요? 그럼요. 쥐약도 있고 개미약도 있고 바퀴약도 다 있습니다."

"아니요. 이찌~찌약 안 팔아요?"

한국으로 시집온 여자의 발음이 매끄럽지 않고 되기만 해서 어색하다.

"쥐약 드릴까요?"

아무래도 소통이 엇갈려 보이기에 그들 대화에 저절로 끼어들고 말았다.

"잇치 치약 있냐고요" 내가 말하니 약사가 나더러 고맙단다. 장바구니에서 주섬주섬 지갑을 꺼내 계산을 마친 여자도 나를 보고 묵례를 하고 나간다. 나도 비슷한 경우를 겪었다. 서툰 내 발음에 중국인 여자는 고개를 갸웃거리며 글자로 써보라고 했다. 모국어가 아닌 언어를 접하고 익히는 건 흥미와 고난을 동시에 거느린다. 그 새댁이 넘어야 할 한글의 문턱, 한국어의 고비에 대해서 생각해 보았다.

지구촌 여기저기 한글을 배우려는 사람들이 점점 늘어나고 있는 현실이다. 한글에 관심을 갖는 사람들이 많아졌다는 건 여간 으쓱한 일이 아니다. 우리말 우리글에 대한 관심이 세계 속으로 덩굴손 뻗어 나가듯 번지고 있다니 더욱 그렇다. 글자 형태가 아름답다고 생각하는 외국인들이 주유소 이름이 새겨진 점퍼나 학교 이름이 새겨진 체육복 등을 입은 채 좋아했다는 이야기도 들은 적이 있다. 우리와 다른 국적의 사람들이 한글을 배우기 위해 안간힘을 쓰는 지금 그 글의 주인들은 한글을 제대로 잘 쓰고 있는가.

쉽게 접하게 되는 텔레비전의 역할이 중요한데 채널이 많아진 만큼 잘못 쓴 자막 또한 자주 보인다. 어쩌다 한 번이 아니고 그 예가 너무 잦아 이만저만 실망하는 게 아니다. 방송 매체가 주는 신뢰감이 없어지는 것보다 이러한 잘못된 표기를 옳은 거로 익힐까봐 걱정이 된다. 그뿐만이 아니다. 소리 나는 대로 쓰기, 줄여 쓰기 등이 아직 한글 학습이 완전하지 않은 사람들에게 얼마나 큰 혼란을 줄 것인가. 요즘 대세인 리얼 예능프로그램을 보다 보면 상황은 더 심각하다. 게다가 웃음 유발을 위한 건지 상황설명을 자막으로 친절하게도 해준다. 예를 들어 출연자의 표정에 따라 한글로 개무룩(시무룩), 갑분싸(갑자기 분위기 싸해짐), 할많하않(할 말은 많아도 하지는 않겠다) 따위의 급식체가 넘쳐난다. 재미를 위한 것이라지만 정도껏 해줬으면 하는 바람이다. 한글에 입문하는 사람들이 아름답고 듣기 좋은 우리말을 많이 익혔으면 하는 게 내 바람이건만 그들이 어렵게 배운 자음

모음으로 잘못된 표기를 익힐까 싶어 노심초사하게 된다. 이런 근심은 한글 배우기가 필요한 외국인에게만 해당되는 것은 아니다. 이제 막 글눈이 트이는 어린이에게도 그렇고 뒤늦게 한글을 깨치는 어르신들에게도 혼돈을 주기 마련이다.

앞서 얘기했듯 디자인으로서도 뛰어난 한글이다. 글자마다 맵시와 품격이 서려 있다. 우리 문자로 된 글 도안을 보면 아름다움이 배어나오는 것이 마음으로부터 자랑스럽다. 그런데 그 모양을 가지고 장난에 응용하는 경우를 본다. 비빔면〈네넴면, 위메프〈위메뜨·위메쓰, 멍멍이〈댕댕이, 명작〈띵작, 언어가 갖는 유희성을 간과하고 싶은 마음은 없지만 말 그대로 유희로 끝날 일이다. 가공 변형된 단어를 공적인 매체에서 그대로 사용하기엔 받아들이는 연령과 계층의 층하가 너무 다양하다.

내가 걱정하는 건 한글 익히길 갈망하는 사람들이 우리글이 익숙해지기도 전에 잘못된 사용예시를 보고 습관 들이지 않을까 하는 노파심이다. 자고 일어나면 생겨나는 듣도 보도 못한 신조어들은 또 어떤가. 뉴스에서까지도 거르지 않은 채 버젓이 사용되는 바람에 누구나 쉽게 익혀 두루 쓰이게 하라는 세종대왕의 가르침을 무색하게 만든다.

우리 고유의 한글이 있다는 게 얼마나 다행스러우며, 세계 많은 나라에서 우리말과 글을 배우겠다는 움직임이 늘어나는 건 얼마나 벅찬 일인가. 한글 사용자의 분포는 지구촌 곳곳으로 늘어가고 자유자재로 소통하고 싶어 하는 사람들은 다양해지는데, 대한민국 방송 매체의 우리글 다루는 태도는 이대로 괜찮은가 하는 생각을 해보았다. 우리 얼이 깃든 자랑스러운 한글을 그르치는데 앞장서는 건 아닌지 심각한 고민을 해야 할 때이다.

경춘선

'꿀배'라는 것을 본척만척하면서 '돌배'가 귀하게 느껴질 때가 있다.

냉장고 안 탐스럽고 반지르르한 복숭아가 이제나저제나 내 손길을 기다리고 있음을 알면서도 선뜻 잡게 되지 않는다. 크고 잘생긴 과일이 너무도 흔해 오히려 식상하다면 어폐일까? 고운 빛깔에 걸맞은 개별 포장이 그 복숭아의 품위를 살리려 하지만 너무 훤한 자태가 때론 낯설다. 흘러넘치는 과즙과 풍부한 과육이 딱히 싫은 것도 아니면서 가끔은 거부감이 들었다. 풍요하면 할수록 가치가 낮아지고 뭔가를 상실한 듯한 생각이 간혹 든다.

누군가 마루 위에 던져놓은 개복숭아 몇 알을 보고 반가워 손이 갔다. 시큼털털한 내음에 약간은 쌉싸름한 개복숭아, 심지어 그 작은 열매 속엔 그 옛날과 변함없이 벌레도 고물거린다. 그 시절 군입거리 마땅찮은 아이들은 멍석딸기, 돌배, 팥배, 머루와 다래 덩굴은 물론 개복숭아 나무 밑도 그냥 지나치지 않았다. 지금의 나는 달콤한 과일이 고픈 게 아니라 추억이 더 간절한가 보다.

경춘선도 그렇다. 깨끗하고 편리하고 웅장하고 견고하게 변한 춘천역과 남춘천역이 맛도 좋고 상품가치 있는 복숭아라면, 옛 남춘천역과 춘천역은 내게 추억을 불러일으키는 개복숭아 같은 상징이다. 내 기억이 서서히 무뎌질까 봐 안타까운 곳이다.

춘천에서 서울을 가자면 근화동 시외버스터미널에 가 버스를 타든가, 아니면 기차를 타든가 둘 중에 택해야 했다. 종점이었던 춘천역은 자리가 그대로인데 남춘천역은 지날 때마다 너무도 달라진 주변에 기억을 되짚는다. 기차를 놓칠라 헐레벌떡 들어서던 대합실 자리가 지금의 어디쯤인지, 상행선은 신남역, 하행선은 춘천역이라는 이정표가 보이던 자리는 어디로 사라진 건지, 역무원에게 표를 보이고 침목과 자갈을 밟으며 나가 서 있던 추억의 지점은 어디에 묻힌 건지…. 잃어버릴까 손에 꼭 쥐었던 차표의 촉감, 밀고 들어서던 객차 출입문의 무게감, 익어가던 햇빛에 줄지어 피어있던 샐비어, 스치던 바람의 무게까지 생생하건만 이제 와서 흔적을 찾기엔 무리다.

두려울 것 없던 시절에 남춘천역을 향하는 순간은 늘 두근거렸다. 열차 안의 냄새, 안내 방송, 덜컹거리는 흔들림이 이유 없이 젊은 피를 설레게 했다. 그것만으로 모자랐는지 나는 역을 지나칠 때마다 차창에 이마를 맞댄 채 그 마을 고유한 분위기를 엿보길 좋아했다. 기회가 되면 아름다운 그 역에서 내린 후 이방인의 시선으로 둘러보겠다는 상상은 언제나 행복했다. 이런 내 마음을 아는지 기차도 내 심장과 비슷한 소리를 내며 달리곤 했다. 비둘기호는 한결 같이 충실했고 훗날 지금의 KTX와 맞먹는 무궁화호가 나올 때까지 통일호 열차는 마음 맞는 친구처럼 언제나 친근했다. 나를 위해서라면 언제든지 거친 숨을 몰아쉬며 달려왔다.

  그림 같은 풍경을 보여주는데 있어 아낌이 없었던 경춘선, 창밖으로 향하던 시야에 청옥색으로 흐르는 북한강이 드러날 무렵이면 가슴 속에 새로 옮겨 심은 모종 한 포기 오롯이 바라보는 기분이었다. 청춘은 그토록 푸르렀다.

  고등학교 시절 옆집 살던 언니가 잘 대해주었다. 비록 나이 차이는 났지만 그 언니와 있으면 모든 게 잘 통할뿐더러 툭하면 물결치기 일쑤이던 내 마음이 평온해지곤 했다. 언니와 나는 가까운 곳으로 바람 쐬러 잘 다니곤 했는데 때로는 토요일에 즉흥적으로 남춘천역으로 향하곤 했다. 우린 아무 때나 계획 않고 훌쩍 오르던 경춘선이었지만 때로는 내려오는 길이 만만치 않았다. 지금도 그렇지만 '경춘선' 하면 추억, 낭만, 젊음을 떠올리는 사람들이 많았기에 주말이면 청량리역에서 내려오는 차표가 매진되어 입석표마저 감지덕지였다. 강촌과 대성리가 전국 대학생들의 엠티 장소였기에 청춘을 실어 나르기 바쁜 경춘선 열차는 그들 젊음에 빛을 더하느라 숨 가쁜 기적을 토했다. 경춘선만의 에너지가 객차 칸칸이 가득했고 서서 가는 게 정말 힘들면 기차 바닥에 책이나 신문을 깔고 엉덩이를 디밀었다. 그조차 부끄럽지 않던 시절이라 더욱 열차의 예전 풍경이 그립다. 지금 생각해 보면 어디론가 떠나고 싶은 내적 방황이 경춘선을 오르내리며 잦아들던 시기였다. 경춘선에서 바라본 풍경은 매번 같은 곳임에도 볼 적마다 새로웠고, 그렇게 우리만의 방식대로 풀꽃 같은 시기를 지나 저 나름의 열매를 맺어갔다.

경춘선의 내력은 쉬지 않는 강물처럼 흘러왔고 지금도 유유히 흐르고 있다. 낭만이나 정취 이전에 허다한 애환을 실어 날랐던 경춘선이 국책사업으로 설립된 철도가 아니라는 것은 춘천 시민에게 각별한 의미를 상징한다. 일제강점기 때 철도가 없다는 이유로 도청을 이전하려는 움직임이 있자 몇몇 지역 유지들이 뜻을 모아 사설로 설립해 강원의 산림자원, 벌채된 목재를 서울로 수송했던 게 경춘선 역사의 서막이다.

그 후 더 많은 학업을 위해 경춘선 표를 끊는 유학생이 있었던 반면 신성한 국방의 의무를 지키느라 새파란 청춘들이 경춘선에 몸을 싣고 와 춘천에 발을 내디뎠다. 일찌감치 돈을 벌겠다고 서울로 간 젊은이들도 명절이면 바리바리 선물 보퉁이를 든 채 어색한 구두 차림으로 역사를 빠져나왔다. 산골짜기 사람들은 남자들이 이산 저산 누비며 산나물, 버섯, 잣, 약재를 채취해 오면 순박한 촌부가 각종 임산물을 가득 싼 보따리를 이고 와 비둘기호 기차간에 부리고 가쁜 숨을 돌렸다. 서울의 장사꾼들에게 그 싱싱한 물건을 넘기고 바꿔온 돈으로 억척스레 살림을 살아 나갔다. 경춘선은 춘천 사람들과 힘든 시기를 함께 이겨낸 든든한 버팀목이며, 툭 건드리기만 하면 술술 풀려나오는 이야기의 실타래다.

춘천의 혈관이 되어 바지런한 사람들의 삶을 이어주던 경춘선은 복선 전철로 변화해 오늘도 열심히 달린다. 서울 사람들은 경춘선을 타고 와 점심을 먹고는 돌아가고 학생들과 직장인들은 하숙이나 자취 대신 경춘선으로 귀가한다. 시대의 변화가 얼마나 역동적인지 경춘선이 여실하게 보여준다. 가파르게 상승한 우리 삶의 성장곡선이지만 행복의 순도가 그때와 반비례하니 참으로 아이러니하다. 온갖 풍요로움이 사시사철 넘치는 바람에 소중함과 절실함이 희미해지는 요즘, 당도와 과육이 더할 나위 없는 복숭아를 제쳐두고 기껏 벌레 먹은 개복숭아에 마음을 빼앗기는 까닭은 무엇일까? 이렇게 멋지게 변한 새 역사(驛舍)를 보고도 예전의 역 풍경을 되짚는 건 또 무슨 심사일까. 힘들었던 시절 함께했던 마음들을 기억하기 때문이다. 사랑하고 존경하고 위해주던 그 시절 '사람의 가치'가 구슬프게 그립다.

그 시절로 돌아가 예전의 경춘선을 탈 수는 없지만 마치 오랫동안 써온 일기를 들추듯 경춘선의 과거를 회상하며 그 기억이 흐려질까 안타까워한다. 나도 모르는 사이 잊히는 것이 많은 시대지만 그 시절 경춘선은 오히려 찬란했던 순간들을 불쑥불쑥 일깨우며 윤슬처럼 반짝였던 시간을 되돌린다.

(2024년 문학시대 신년호)

들을 수 있을까

　쇼 호스트의 설명은 홀딱 빠져들기에 충분했다. 몇 년 동안 가족 여행을 참아온 탓도 그 이유에 한몫했다. 당장 결정은 하지 않더라도 전화번호를 남기면 상담 예약이 가능하다는 말에 전화기 버튼을 누르고 말았다. 이틀 후 걸려온 전화에 원하는 날짜와 인원수를 말했고 사람이 많아 일단 가예약을 해놓는 걸 권유하기에 그러마고 동의했다. 그런데 저마다의 사정과 처지가 다른데 의견 통일이 어디 그리 쉬운가. 날짜 조정이 필요했고, 괜히 다른 사람 예약도 못 받게 열 좌석을 맡아놓은 게 마음에 걸려 연락을 시도했다.
　기진맥진이었다. 고객 응대 보호법에 따라 통화내용은 녹음된다는 연결 멘트를 시작으로 팔이 아플 정도로 수화기를 들고 있었다. 통화량이 많아 연결이 지연된다는 기계음만 반복해 듣다 보니 점점 지쳐갔다. 틈나는 대로 수화기를 들었다 내려놓으니 어느덧 상담원 퇴근 시간이 넘어있었다. 다른 날짜로 예약하려고 해도 먼저 해놓은 가예약을 취소하는 게 먼저라고 생각되었다. 보내준 링크는 상품소개와 일정일 안내였고 그 와중에 예약문자와 안내문만 쉬지 않고 날아왔다. 날짜 변경이 다급해 꼭 통화를 하고 싶었지만 하늘의 별 따기였다. 사람 목소리 들을 수 있었던 통화는 처음 딱 한 번뿐이었다. 기계 음성 듣다가 지칠 무렵에 통화량이 많아 답변이 지연되니 카톡 친구추가 후 상담 진행이 가능하다는 문자에 끝내 굴복하고 말았다. 침침한 눈을 가늘게 떠가며 액정을 두드리고서야 내 상황이 전달되었고 문의 답변은 일사천리로 진행될 수 있었다. 다행이었지만 사실 나는 사람의 음성에 귀를 기울이고 싶었다.

　요즘 이와 비슷한 경험을 많이 한다. 친절하고 다감한 음성으로 궁금증을 해결해주던 상담원이 마냥 감사하던 시기는 돌아오지 않을 것이다. 공공 기관뿐만 아니라 생활에 밀접한 어느 곳이건, 뭔가 문의할 사항이 있으면 녹음된 기계음을 마냥 기다릴 마음의 준비를 하고 전화를 걸어야 한다. 인터넷이나 모바일로도 물론 가능하지만 이용이 난처한 상황이란 의외로 많다. 여러 인증 절차나 회원가입이 생각보다 성가실 때도 있고, 꼭 집어

원하는 상담이 제시된 보기에 없을 수도 있다. 게다가 다른 사람과 같이 있기라도 하면 계속 전화기만 들여다볼 수도 없다. 바쁠 땐 음성통화를 하면서도 몸을 움직이며 다른 일을 할 수 있다는 장점도 있잖은가. 정보의 전달만이라면 대화보다는 문장이 더 명확하겠지만 오가며 전해지는 이해의 깊이는 찾아보기 힘들다.

사람의 목소리는 참으로 섬세하고 다양해 그 문양과 결이 모두 다르다. 듣는 순간 꽃봉오리 벙글 듯 미소가 열리는 음성이 있다. 내가 갖지 못한 풍부한 매력이 전해지기도 하고 호감과 신뢰가 느껴지기도 한다. 굳이 얼굴을 맞대지 않아도 무방하다.

특별한 일이 없으면 요즘도 매일 듣는 라디오 프로가 있다. 그 방송은 처음부터 끝까지 놓치기 아쉽지만 마지막까지 들어야 할 이유가 있었다. 안개 낀 것처럼 불투명한 하루를 매일 맞이하던 시기에 마무리 인사가 얼마나 든든했는지 모른다. "내일도 당신의 아침과 함께할게요."라며 끝을 맺었는데 이심전심 내 마음 다 안다는 듯해 목소리만으로 위로받았다. 통화 음성도 그렇다. 가장 편한 자세로 듣고 싶은 목소리가 있는 반면, 마음속으로 예를 갖추고 싶거나 깊이 존경하는 분이라면 절로 자세가 정돈되고 어느새 무릎까지 꿇고 받게 되는 전화도 있다. 물론 개중에는 들으면 긴장이 되다 못해 심지어 불안해지는 목소리도 있지만 이는 뭔가 조금이라도 불편했던 기억 탓이라고 생각한다. 그럴 경우 예민해진 나의 성대에서도 평소와 다른 목소리가 나올 것이다. 이처럼 목소리는 많은 감정을 내포함과 동시에 소통을 대신하는데, 오늘날 목소리 듣기 어지간히 힘든 시대에 살고 있다.

머리를 떠나지 않는 기사가 있다. 1인 1 스마트폰 시대인 요즘, MZ세대 직장인 중에는 전화에 대한 두려움이 있다고 한다. 그들은 전화 공포증(Call phobia)으로 통화 자체를 기피하는데 어려서부터 문자나 이모티콘, SNS에 익숙해 긴 글을 좋아하지 않는다. 줄임말이나 기호만으로도 감정을 표현한다. 가족이나 또래와도 아무 문제없이 소통해왔기에 오히려 일 대 일로 이뤄지는 전화 예절이 어렵다는 것이다. 스마트 폰 안에서 능숙하던 소통이, 상사와의 대면이나 통화에서는 불통이 되는 바람에 어려움을 겪는다고 한다. 집 전화가 없어서 동네에 전화 있는 집 신세를 져야 했던 세대와 집 전화 따위는 필요 없이 각각의 스마트폰 세상 속에서 자란 세대가 어찌 같겠는가. 공중전화 부스 앞에서 줄을 서던 세대와 손가락 하나로 세계 소식을 접하는 세대가 다름은 당연하다. 그 젊은이들이 보기에 내가 얼마나 답답할까? 일찌감치 메신저 친구나 맺고 일사불란하게 계약 체결할 것이지, 연결되지도 않는 전화나 주구장창 해대는 나 같은 사람은 얼마나 비합리적으로 보일까? 인정은 하면서도 씁쓸하기 이를 데 없다. 통화 연결일랑 일찌감치 포기하고 그들의 요구에 굴복해야만 상담이 이뤄지는 현실이….

새로 생긴 바람이 있다면 나는 더 많은 목소리를 접하고 싶다. 저마다의 분위기와 성격, 기분, 감정을 음성으로 파악하는 건 흥미롭고 신기한 작용이 아니던가. 특히나 젊은이들의 푸릇푸릇한 목소리에 귀를 기울이고 싶다.

(2023년 한국수필 6월호)

호미, 드디어 날다

예로부터 호미는 농기구 중에서 사용 빈도가 높은 물건이다. 고르지 못한 좁은 땅에서 농사를 짓기 위해선 호미만 한 게 없었다. 남녀노소 누가 들어도 부담 없는 게, 손안에 쏙 들어오는 가붓함이 만만하지만 하는 일은 무궁무진하다. 굳은 흙을 긁어 잘게 부수는 일에 거친 듯 담담하지만 고랑이라도 내는 데는 저울 눈금만큼 신중하다. 종자를 덮거나 모종을 옮겨 심는 거룩한 일을 묵묵히 자처한다. 포기에 북을 돋우는 농부에게 호미 장단은 희망의 노래와 쉽게 어우러진다. 달갑잖은 잡초 뿌리를 파헤치는 데는 악바리 같은 근성을 발휘하는 호미지만 사실은 어떤 농기구보다 섬세하다. 꽃을 가꾸거나 귀한 약초를 캐는 일에 안성맞춤인 걸 보면 알 수 있잖은가. 힘의 강약으로 깊이를 조절할 수 있고 비스듬히 비낀 날 모서리로는 방향을 가늠할 수 있다.

자연에 의탁하는 농경 사회에서 요긴했을 호미는 고려시대에도 사용기록이 있다는데 이렇듯 친숙한 호밋자루를 나는 몇 살에 처음 잡았던 걸까? 마른 흙과 한 몸인 채 헛간 벽에서 무심히 농한기를 보낸 호미는 언 땅이 숨을 내쉴 무렵이면 서서히 기지개를 켰다. 봄방학 무렵이면 삼삼오오 고사리손 소녀들이 잊고 있던 호미를 찾곤 했다. 눈 녹은 땅에서 버젓이 겨울을 난 냉이를 캐거나 땅속으로 세력을 확장하기에 여념 없는 씀바귀 뿌리를 캐는 일은 웅크리게만 했던 겨울의 덕석을 훌훌 벗어던지는 의식이었다. 김장김치에 질릴 무렵이었을까. 달짝지근한 냉이 무침이 입맛을 돋우는 저녁 밥상엔 일곱 식구가 풀어놓는 높고도 낮은 이야기가 고소한 양념처럼 맴돌았다. 캐는 즐거움과는 천지차이로 삼키기 싫은 약처럼 쓰기만 한 씀바귀 무침을 아버지가 좋아하셨는데, 이해가 안 가면서도 씀바귀 뿌리에 묻은 흙을 탁탁 털 때면 아버지 생각에 절로 흐뭇했다.

최근 마지막으로 호미를 잡아본 건 얼마 전 추석날이다. 가을걷이에 홀로 힘드실 엄마를 도와 고구마를 캐기로 마음먹었다. 아직도 그날 호미 날이 땅을 긁을 때의 느낌이 생생하다. 여름내 비다운 비 한번 내리지 않은 밭은 추석 전날 내린 생뚱맞은 비로는 어림없었다. 겉흙은 마지못해 호미 날을 허락했지만 얼마나 팍팍한지 손에 금방 물집이 잡혔다. 작년에 비해 흉작인 고구마가 어쩌다 보이면 고고학자라도 되는 양 유물 발굴하는 심정으로 호미질에 주의를 기울였지만 뜻대로 되지 않았다. 흠집이 생기거나 부러지기라도 하면 내 살에 상처라도 난 것처럼 애석하고 야속했다. 어둡기 전에 캘 요량으로 잘 파지지 않는 굳은 흙과 씨름하는 내내 많은 반성을 해야만 했다. 이렇게 힘든 게 농산데, 손 하나 거치지 않고서는 쌀 한 톨, 고구마 하나 건지기 힘든데 농사지은 누군가의 노고를 무심히 받아먹은 나 자신이 생각할수록 형편없었다. 고구마 수확은 성에 안 차도, 몇 시간 동안에 호미가 깨우쳐준 진실만은 이랑마다 풍년이었다. 인생의 대부분을 억척같이 손을 놀려야만 했던 부모님께 대한 감사를 한없이 캐내며 확인하다가, 새삼 소중한 탓에 다시 묻기를 반복했다. 흙과 마찰하며 일어나는 호미 소리가 나를 철들게 하는 채찍으로 여겨지던 날이었다.

이젠 농사도 기계화, 기업화에 전문성까지 갖춰야 하는 시대지만 절대 소소하지 않은 쓸모로 호미의 존재감은 오늘날까지 꾸준히 이어지고 있다. 기계의 능률성이 좋고 정형성이 듬직하기는 해도 가려운 곳을 찾아 속 시원히 긁어주는 듯한 세심함을 따르지는 못하기 때문이다. 동네 어귀 자리했던 대장간이 언제 없어졌는지 이젠 기억도 가물가물하다.

　자세히 보면 쇳날에서도 미적 감각이 느껴진다. 땅에 직접 닿는 부분의 얄쌍한 세모꼴이 퍽이나 기민해 보인다. 곡선으로 다듬어진 그것을 세워 놓고 보면 두루미의 자태처럼 조신하고 고고하기까지 하다. 맵시가 저고리 입은 여인의 목선 같기도 하고 잔뜩 멋을 부린 물음표와도 비슷하다. 막 호미, 조개 호미, 잔디 호미, 파 호미, 감자 호미 등 용도에 따라 날의 모양과 자루의 길이가 다르니 적재적소에 야무지고도 다양하게 쓰인다. 그래선지 세계인이 고객인 온라인 매장에서 호미의 가치가 재발견되어 인기란다. 새삼스레 '호미'라는 고유명사가 전 세계에 인정받을 줄을 어느 누가 알았겠는가. 정원을 가꾸거나 텃밭에 식물을 기르는 소소한 재미를 누리기에 이만한 연장이 없다고 한다. 듣던 중 반가운 소식이다. 외국인들에게 호미는 또 하나의 한류이자 그들 삶을 업그레이드 하는 문화 매개체로 뿌리를 내리는 중이다. 난생처음 코로나 블루에 잠식될 무렵 뒤란의 초록 이파리가 손 내민 위로가 아니었다면 나도 몹시 힘들었을 것이다. 호미는 앞으로도 누군가의 희망을 일구며 많은 이들의 사랑을 받을 것이라 믿는다. 손때가 묻을수록 만든 이와 쓰는 이의 교감도 이어지고 정이 드는 호미의 세계적 활약을 기대하며 응원한다.

또 다른 소외

 그 무렵 코로나가 한창이었고 도시는 몇 달째 숨을 죽이고 있었다. 푹푹 찌는 더위 따위는 괘념치 않았다. 일상을 통제받으며 사람과의 접촉을 제한하던 시기였다. 시에서 처음으로 십만 원의 재난지원금을 준다고 했다. 온라인과 오프라인으로 신청할 수 있었는데 온라인으로 신청한 나는 카드 포인트로 받았었다.
 아직은 한낮의 땡볕이 기승이던 어느 오후, 행정복지센터 앞에 줄 선 인파에 깜짝 놀랐다. 오프라인 신청 첫날이었다. 태어난 년도 끝자리별로 신청 날짜가 정해졌음에도 긴 줄이 휘어지며 청사 주변을 에워싸고 있었다.
 저녁 무렵 한 남자 손님이 우리 가게에 와서는 음식을 포장

해가며 종이상품권으로 계산했다. 동사무소에서 방금 받은 재난지원금이었다. 햇볕에 오래 서 있어 얼굴이 익은 그의 말에 나는 적잖이 충격을 받았다. "누구는 앉아서 받지만 나는 몇 시간이나 줄을 서서 받았다."면서 뻣뻣한 상품권을 내밀었다. "아~ 오래 기다리셨어요? 온라인으로 신청해도 되는데…."라고 말하자 "자기들은 편하게 그렇게 받아도 그걸 못 하는 우리 같은 사람은…." 하면서 말끝을 흐렸다.

  나는 그때 조금은 충격이었다. 재난지원금을 처음 받기는 모두 마찬가지였고 각자 편한 방식으로 신청하면 된다고 여겼는데, 누군가는 폭염 아래 마스크를 쓴 채 긴 줄을 서야만 했던 것이다.

  온라인이나 모바일이 서툴거나 사용이 여의치 않은 사람이 많다는 것은 당연하지만 누군가에게는 또 다른 차별로 여겨질 수 있음을 그분의 말투를 통해서야 알 수 있었다. 그게 얼마나 분통 터지는지도….

  시골에 혼자 사시는 엄마도 최근에 그런 경험을 했다. 지난해에 여성 농업인 바우처 카드 혜택을 받았는데 올해도 새로 신청해야 한다기에 면사무소에 갔다. 하루 몇 대 다니지도 않는 버스를 타고 간 공공기관에서는 "이미 신청날짜가 지났다."면서 엄마로 하여금 아무 소리도 못 하게 했다.

신청 마감이 언제까지였는지 몰랐던 엄마는 세상 물정 모르는 소외된 노인이 되어서 돌아왔다. 정부에서 주는 혜택을 찾아 먹지도 못하는 당신을 자책했다. 문자로 신청 안내했다는데 그 문자를 등한시했으니 본인의 잘못이라 말하는데 참 마음이 아팠다. 자신이 무지한 탓이란 자조의 말에 '우편으로도 보내주는 일이 그리 어렵나?' 하는 생각이 들었다. 로봇처럼 말하는 앳된 직원의 입매만 쳐다보다 수고하시라는 인사만 남기고 돌아서는 심정은 어땠을까. 전에는 못 느끼던 단절감, 소외감, 좀 더 과장하면 무능함을 뒤집어쓴 기분이었을 거다.

나날이 교묘해지는 피싱 따위에 엄마가 걸려들까봐 나는 늘 잔소리를 했었다. 국제전화는 바로 끊어라. 모르는 사람에게 이것저것 대답하지 마라. 문자 같은 거 함부로 누르면 큰일 난다며 어린아이에게 당부하듯 했었다. 세심히 잘 보살펴 드리지 못하는 미안함에 더욱 그러지 않았나 하는 생각도 든다.

손가락 하나로 세상을 움직이는 현재지만 그걸 기피하거나 혹은 누릴 수 없는 사람들 또한 이 사회의 구성원이다. 온라인 은행 업무, 온라인 쇼핑, 온라인 수속 등이 어렵거나 성가신 사람들이 오프라인으로 일을 보지만 생활과 밀접한 장소마다 버티고 선 무인 기계 앞에서 두려움을 느낀다. 편리함 뒤편에 숨은 또 다른 피로감이다.

연령으로 보나 사상으로 보나 나는 윗세대 어른과 MZ세대를 완충하는 중간자적 입장이다. 양쪽 모두를 겪어보지는 못했지만 양쪽 모두가 이해되기도 하는 어정쩡한 분포에 속해있다. 지금의 모습이 있게 한 앞세대의 입장을 존중하는 만큼 젊은 세대와의 정서적 충돌을 줄이기 위해 그들의 가치관이나 고충을 짐작하려고 노력한다. 보이지 않는 경계를 잇는 중간 매개가 되어줄 각오는 충분하며 그러는 게 당연하다고 여긴다. 속칭 낀 세대의 약간은 까칠한 눈으로 볼 때 국민을 위한 공공기관만이라도 디지털 소외감을 느끼는 사람들을 세심히 보듬어주길 바란다. 태어나면서 익숙했던 세대와 그렇지 않은 세대가 조화를 이루며 살고 있는 세상에 어느 쪽으로든 치우치지 않았으면 한다. 물리적 보살핌, 정서적 관심 못지않은 디지털 도움의 필요성을 실감한다.

머윗대

시간이 흐르는 속도와 내가 느끼는 그것은 참 많이 다른가 봅니다. 멀리 보이는 산자락 어디에도 이젠 잔설을 찾아볼 수가 없으니까요. 제가 사는 곳은 겨울이 일찌감치 찾아왔다가 오래도록 버티는 마을입니다. 삼방산 기슭에 눈이 녹아야만 봄이 온 거라는 말이 있는 것처럼 겨울이 한 번 몸을 풀면 오래도록 머물다 가는 곳입니다. 하늘을 포함한 사방이 온통 회색인 절기에는 겨우내 말라 있던 자작나무 숲이 희뿌옇게 부푸는 모습으로 다가오는 봄을 점치곤 한답니다. 사월의 꽃망울을 비웃으며 휘날리던 눈발을 저는 생생하게 기억합니다. 매가리도 없는 것이 어린 봄 시샘하는 심통만 드러나 고약하게만 보였거든요.

올해는 언 땅이 풀리지 않길 바랐어요. 시리고 거센 겨울 끝자락에 매달려 있는 편이 차라리 견디기 수월할 것 같았습니다. 눈 떠보면 하루가 다르게 물이 오르는 나무들이 반갑지가 않았으니까요. 그새를 못 참아 노란 기운을 품는 산수유나무가 가증스러웠고, 지저분 떨며 낙하하는 목련 이파리 탓에 갑자기 서러웠고, 하릴없는 나비가 일찍 맴도는 것도 봐주기 힘들었습니다. 좋아하던 초록의 잔치, 믿었던 그 편안한 빛깔마저 나를 배반했다는 사실이 야속하더군요. 계절의 갈피에서 만물의 천변만화는 지극히 당연한 데도 말입니다. 갈 곳 모른 채 다시 겨울 속을 어정거리는 제 마음에선 버석거리는 소리가 들리는 것 같았습니다. 그런데 벌써 더워라니요.

오랜만에 동행한 그날 성질 급한 아버지와 그 기질을 그대로 빼다 박은 저 사이에서 생각지도 않게 엄마가 곤욕을 치렀지요. 오래전에 다니던 길을 한 박자 늦게 설명하시던 아버지는, 자꾸만 지나쳐버리는 제 차를 책망하셨고 저는 나름대로 생소한 간판들을 훑느라 예민했거든요. 거동이 힘들어지신 아버지가 먼 거리 외출을 포기했던 동안 거리의 풍경도 많이 달라졌을 겁니다. 같은 데를 몇 바퀴 돌고 도는 동안 아버지의 조바심과 제 불편한 속내가 겨루기라도 하듯 예리해 조심스러웠답니다. 아니, 사실은 제 목소리가 많이 뾰족해졌지요. 저는 지나치게 꼿꼿하고 고집스러운 아버지가 때로는 불편했거든요. 아버지의 틈이 좀 헐거워져 약간만 느슨하기를 바랐지만 아버진 한평생 자신이 짜놓은 촘촘한 규칙 안에서 사셨답니다. 아버지만의 정직과 우직도 가끔은 괴팍함과 몽니로 여겨졌기에 가깝지만 어려웠답니다. 그래도 무사히 목적지에 도착하니 어느새 웃고 계셨지요. 언제 우리가 그랬냐는 듯이….

염색이라곤 한 번도 하지 않았던 아버지의 백발이 그 거리와 어울린다고 생각했습니다. 소년처럼 미소 짓는 바람에 새봄도 머지않았음을 느꼈던 날이었습니다. 차 속에서 감정 실랑이하던 그 시간이, 안심하고 웃으시던 그 모습이, 집에 잘 도착했냐고 묻던 그 음성이 마지막이었다는 게 아직도 실감이 안 납니다. 급한 성정대로 기다려주지 않으셔서 야속했고 마지막 모습 좋은 얼굴 못 보여드린 게 너무 원통해 제 안에서 흐르는 모든 액체들이 일시에 꽉 막히는 것 같았습니다.

저는 왜 이 모양일까요. 잘못을 만회할 시간을, 용서를 구할 기회를 영영 빼앗긴 저에게 한꺼번에 와그르르 쏟아지는 봄기운은 감당하기 힘들어 마치 폭탄 같았습니다. 이렇게 다가오는 봄을 기다려주시지 않아서 이제는 함께하지 못하는 사람, 아버지 때문입니다. 벚꽃이 꽃비 되어 날리는 것도 하루가 다르게 녹음이 우렁우렁해지는 것도 거짓말 같기만 합니다. 할미꽃이 지고 붓꽃이 피고 사과꽃이 탐스럽고 돌배나무도 여전히 꽃을 한 더미 지고 서 있건만 아버진 뭐가 그리 급하다고 반백 년 같이한 아내와 다섯이나 되는 애들에게도 인사 없이 떠나셨던 걸까요.

누가 뭐라도 결연한 힘으로 가족이란 보자기를 옹골진 매듭으로 묶고자 했던 아버지의 손길을 지금 와서야 이해할 수 있답니다. 저희들은 그게 답답하다고 무시로 불쑥불쑥 비어져 나오려 했던 거고요. 그뿐인가요? 제 속을 담는 보자기는 또 얼마나 신축성 없이 협소했던가요. 아버지의 외로움을 알고도 모른 체 했으니까요. 전화를 자주 안 하는 성격은 쉬이 변하지 않았습니다. 얼마 전 엄마와 이야기를 나누다 들었는데 거동이 힘든 아버지를 대신해 밖에서 일할 때면 수시로 전화를 하셨답니다. 날 더운데 쉬었다 해라, 밥 먹으러 들어 와라, 노래자랑 나올 시간이다, 곧 연속극이 시작된다 등등의 이유로 말입니다. 전화할 곳이 마땅치 않아서였다고 이유를 말씀해주셨습니다. 애들이 그렇게 많아도 살갑지 못한 이유가 아버지로 하여금 단축 다이얼 누르길 주저하게 했나 봅니다. 휴대전화의 창에 아버지가 뜨면 긴장하며 몸이 굳곤 했습니다. 누웠다가도 일어서서 받고는 했지요. 전화기로 아버지를 찾는 것조차 왜 그리 인색했는지 아무리 생각해도 온통 후회투성인데 너무 늦었습니다.

흔히들 인생은 연극이라고 합니다. 단원들이 모여 맡은 배역을 연습하고 공연 전 리허설도 하지요. 단 한 번이라도 아버지의 딸 역할에 연습이 있었더라면 어땠을까요. 만약에 말입니다. 억겁의 인연이 저희를 다시 혈연으로 이어준다면 그땐 더 잘할 수 있을까요. 완벽하진 못해도 연이어 비슷한 실수는 되풀이 안 할 것 같은 부질없는 생각이 저를 에워쌉니다.

제가 사는 이곳에 단 며칠 없었을 뿐인데 그새 모란이 활짝 피었습니다. 야속하게도 말입니다. 아마 모르긴 몰라도 아버지의 연못가에도 노란 창포가 만년필 같은 봉오리를 내밀진 않았을까요? 창포 꽃이 필 때면 아버진 저를 위해 해묵은 장화를 꺼내 신으셨습니다. 연못가에서 돌아오는 아버지 손엔 딸 주려고 꺾은 한 묶음의 머윗대가 들려 있었습니다. 저는 머위 나물을 보면 군침이 고이거든요. 그러고 보니 따로 돌보지 않아도 겨울을 버티고 새순을 내주는 머위는 아버지와도 닮았습니다. 살찐 머윗대를 묶은 실했던 단은 아버지가 표현할 수 있는 잔정이었답니다. 죽 뻗은 대궁에서 고스란히 우러나오는 태초의 맛은 축축하고도 쓰드름하게, 약간은 떫으면서도 요란하지 않게 제 몸에 퍼졌지요. 마치 기력을 보하는 약처럼, 아버지란 세 음절의 여운처럼 말이에요. 되돌아보니 아버지의 딸로 살 수 있었던 자체가 행복이었음을 이제서 깨달을 수 있었답니다. 짓궂은 봄이 알려준 쓰디쓴 가르침입니다.

꼬마 손님

 이웃에 남매를 키우는 맞벌이 부부가 있다. 넷이 함께 있는 모습이 그림 같았는데 언제부턴지 아이들 아빠가 자주 보였다. 겨울방학이라고 누구에게나 반가운 것은 아니었고 아이들 점심을 챙겨주는 일이 그의 몫인 듯했다. 12시 전 트럭에서 내려 서둘러 골목으로 접어들었다가 한 시간 정도 지나 다시 떠났다. 그래서 네 명이 모였을 때 더 보기 좋았는지 모른다.
 코로나라는 복병이 남매네 개학을 훼방 놓았다. 어느 날, 문에 매달려 '짤랑' 하는 벨 소리에 누가 오는가 보다 했는데 당연히 보여야 할 얼굴이 보이지 않았다. 내다보니 키 작은 꼬마 손님들이 신을 벗고 있었다. 자기들끼리 집에 머물던 아이들은 그렇게 몇 번씩 우리 가게 문을 당겼다. 얼마나 심심하면 기르는 거북이를 주머니에 넣고 와 자랑을 하기도 했다.

무심히 바라본 유리문 너머 서성이던 준석이 노란 차에서 내리는 지우를 맞아 데리고 갔다. 그나마 어린이집은 개학을 한 건지, 혼자 있다가 부모님 전화를 받고 시간 맞춰 우리 집 앞까지 마중 나오는가 싶었다. 먼저 태어나 짊어지는 '책임감'이란 얼마나 견고하고도 숭고한 숙명이던가. 동생 챙기는 양쪽 어깨에 다부지게 실린 의젓함을 나는 보았다.

오래전 우리 아이들도 그랬다. 둘이 같은 어린이집에 다니며 쌍둥이처럼 의지했다. 하루는 퇴근해 오니 아파트 계단에 서늘히 앉아있던 애들이 엘리베이터에서 내리는 나를 보자마자 다짜고짜 흐느꼈다. 목에 걸어준 열쇠를 잃어버려 못 들어가고 있었다. 아이들이 느꼈을 두려움과 지루함에 속상했고 날마다 찰카닥하고 빈 집이 반응하는 소리에 한 숨 놓았을 생각에 마음이 아팠다. 열쇠는 놀이터 모래밭에서 찾았지만 내 분을 못이긴 나머지 큰아이의 부주의함만 더 나무라고 말았다. 지우지 못하는 슬픈 기억이다. 준석과 지우를 볼 때마다, 허겁지겁 차에서 내려 집으로 향하는 애들 아빠를 볼 적마다 그 시절을 견디던 모습이 선명히 살아났다. 눈도 떠지지 않는 아이들을 먹이고 입혀 차 태워 보내는 일 못지않게, 직장인처럼 부지런 떨어야 했던 종일반 아이들도 힘들었을 것이다.

혼자 있기 지쳤는지 준석인 지우를 데리러 왔다가 가게 문을 자주 열었다. 전화로 동생 왔냐고 묻는 아빠에게 우리 가게라고 말하면 코로나로 인한 걱정 탓인지 아니면 미안함 때문인지 빨리 집에 가 있으라고 달랬다. 외투와 가방을 벗어 던진 채 날아갈 듯 뛰노는 아이들은 집에 가기 싫다며 아빤 언제 오냐고, 엄만 또 야근이냐고 투정했다. 부모가 퇴근하다 들를 때까지 우리와 간식을 먹으며 함께한 날도 더러 있었다. 손님은 뚝 끊겼지만, 내가 편한지 수시로 짤랑거리며 드나들던 꼬마 손님이 사랑스러웠다. 이월이 가고 삼월이 지나도록 학교에 갈 수 없던 준석은 맥을 놓아버린 사월의 봄볕 때문에 방안에만 있지 못했다. 친구들과 공원에서 노는 게 얼마나 신이 났겠는가. 동생 마중을 나왔다가 같이 공원 놀이터로 가자고 하면 지우는 우리 집에 있겠다고 했다. "오빠 혼자 가!"라는 말에 녀석이 아빠한테 혼난다고 엄포 놓으면 "난 여기가 좋으니까 제발 가서 놀란 말이야." 하며 준석이 나가길 재촉했다.

여기서 살고 싶단 지우 말에 왜냐고 물으니 "음 그냥, 아름다워서…."라고 말해주는 바람에 귀를 의심하며 얼마나 고마웠는지 모른다. 겨우내 감옥살이가 억울했을 아홉 살 꼬마는 봄이 되면서 바빠졌다. 지우 선생님이 아이 손을 잡고 우리 집에 오셨고, 헐레벌떡 상기된 얼굴로 뒤늦게 나타난 준석인 씽씽 자전

거 타고 먼 동네까지 갔다 왔다며 음료수를 달래선 벌컥댔다. 길어진 해와 바깥바람에 흥을 내주다 동생 올 시간을 놓친 것이다.

아이를 데리러온 엄마는 애들이 스스럼없이 우리 집 문을 밀고 들어온다는 사실에 놀라는 것 같았다. 고마우면서도 아이들이 나를 방해해 폐가 될까 봐 미안해했다. 꼬마손님들이 나에게 웃음을 충전해주는 존재임을 모르는 눈치다.

어느새 창을 열면 기다렸다는 듯 꽃내음이 와락 달려든다. 순리대로 봄은 그렇게 다가왔지만 누리지 못한 아이들이 안타깝다. 아침에도 남매를 보았다. 늦었는지 선생님이 지우네로 뛰어가고, 머리에 까치집 진 준석이 대문까지 따라 나왔다. 잘 다녀오라는 내 말에 손을 흔들며 지우가 무사히 차에 올랐다. 저 아이들에게 등·하원 시간 맞추기란 얼마나 긴장되며 두려운 고비일까. 뜻하지 않은 이번 재앙으로 이 가정이 느껴야 했을 당혹감은 얼마나 묵직했을까.

감염병 사태를 겪으면서야 이전의 일상이 곧 평화였음을, 행복에 겨운 삶이었음을 안다. 새 학년 준석이가 새 친구들과 선생님을 만나고, 남매의 엄마아빠도 마음 놓고 일할 날이 어서 왔으면 좋겠다. 그리운 일상이 다시 온다면 가슴을 쓸어내릴 것 같다. '평온한 하루'라는 그날그날의 선물에 감사하며 겸허히 살 것이다. 그나저나 준석이네가 이사 간다는 날짜가 다가온다. 꼬마 손님들이 쑥쑥 자라더라도 짤랑거리며 무시로 찾아와 주길, 아마 나는 기다릴 것만 같다.

(2020년 푸른솔문학 가을호)

혼밥하는 당신에게

번쩍 드는 순간부터 잔뜩 숙여진 허리를 도무지 펼 수 없었다. 부뚜막에서 차려낸 밥상은 한차례 턱을 디딘 후에도 부엌문 밖 마루까지 종종걸음치게 했다. 하루 세 번은 필수로 왕복하는 밥상의 노선은 거기서 끝나지 않았다. 밥상 운전사가 신발을 벗는 동안 잠시 마루에 놓였다가 다시 안방으로 상머리를 들이는 지난한 여정이었다. 엄마의 밥상이 들어오는 때에 맞춰 벽에 붙은 큰 상을 내려 상다리를 완벽하게 펼 때면 가족 구성원의 역할을 충실히 이행하는 기분이었다. 무릎을 비비며 둘러앉아 몫몫의 수저를 놓던 일, 식구 수대로 푼 밥과 국이 제자리를 찾아가면 아버지 먼저 수저 드시길 기다리던 일, 자고 일어나면 새로이 피어나던 밥상의 평화가 부쩍 그리워지는 요즘이다.

그냥 건너뛸까? 하다가 정말 건너뛸 때도 있다. 일부러라도 한다는데 이 기회에 간헐적 단식을 해볼까? 하며 지키지 못할 각오를 하기도 한다. 혼자 밥 먹는 일이 내키지 않을 때가 있다. 이슬도 아니고 사랑도 아닌 밥심으로 사는 처지가 되었음에도 이것저것 어지르기 싫어 혼자 있을 때면 한두 가지만 꺼내서 먹는다. 간단하게 때우는데 오히려 시간은 더 걸린다. 현재와 교차 되는 과거를 천천히 곱씹는다. 어제까지 겸상했던 사람이 새삼스럽게 궁금해지며, 소식이 끊겼지만 한때 밥을 나눈 적 있는 몇몇 사람이 식탁 맞은편에 잔영으로 앉았다 가기도 한다. 언젠가 밥을 함께했던 친구나 동료의 모습이 번개처럼 스칠 때면 내 기억회로의 용량이 다 차서 그들이 어느 순간 지워져 있었다는 사실에 놀라기도 한다. 이 너른 우주에서 누군가와 같이 밥 먹던 장면이 떠올랐다면 적잖이 친밀한 사이였건만 지금은 어디서 어떻게 살고 있는지 아무것도 아는 게 없다. 지아장커 감독의 영화 '산하고인'을 보던 중 얼음 화살처럼 가슴을 찌르는 차디찬 대사가 있었다. "누구와도 삶의 어느 한 부분만 공유할 뿐 언젠가는 헤어진다는" 말을 증명이라도 하듯 간혹가다 후회가 불쑥불쑥 돌처럼 씹힌다. 단절의 미완, 지키지 못한 책임이 남긴 쓴맛은 삼키려 할수록 되살아난다. 혼자 먹는 일은 불시에 거울을 들이대는 것처럼 자기를 객관적으로 돌아보게 할 때가 있다.

　김훈은 '밥벌이의 지겨움'에다 "밥벌이도 힘들지만 벌어놓은 밥을 넘기는 것도 그에 못지않게 힘들다." 이렇게 고백했다. 지극히 사실적인 담백한 이 문장은 생각보다 깊고 긴 쓸쓸함을 안긴다. 밥의 신성함 앞에서 밥벌이의 고단함을 감당하려면 필사적으로 먹어야 하는 게 밥이다. 결국 자세히 들여다보면 사람 사는 일은 밥의 은혜에 조아리면서 밥그릇 앞에서 많은 걸 감내하며 때로는 포기하는 연습이다.

　요즘은 일인 가구가 많아 홀로 밥 먹는 사람의 비중도 높다. 하루 한 끼 정도는 누군가와 함께할 수 있겠지만 거의 대부분 홀로 식탁을 차리거나 만들어 파는 음식으로 허기를 채우거나 어쩌면 버릇처럼 건너뛰는 사람도 있을 것이다. 내 가게에 오시는 분 중에 혼자 와서 2인분을 달라는 손님이 있다. 배불리 먹고 싶어서일 수도 있고 주인에게 미안해서 그럴 수도 있을 것이다. 그들 대부분의 눈은 휴대폰 영상에 고정되어 있고 수저만 입을 향해 오르락내리락한다. 어색한 듯 자연스러운 상황에 혼자 밥 먹는 내 모습이 겹쳐지기도 한다.

　구성원이 줄어든 밥상 앞에서 나는 그들이 외로워하지 않았으면 좋겠다. 오래전 그날, 모락모락 김이 오르는 밥을 복스럽게 담아주던 누군가를 부디 잊지 않았으면 좋겠다. 젓가락이 닿은 반찬을 앞으로 당겨주고 제일 두툼한 부위의 생선을 발라주거나, 묻지도 않고 한 국자 더 퍼주던 손길을 그가 기억했으면 좋겠다. 밥숟가락을 움직이는 모습에 행복해하며 말끔히 비운 그릇에 뿌듯해하던 눈길을 잊지 않았으면 좋겠다. 혹시라도 지금 혼자가 익숙할지언정 완벽한 혼자가 아니라는 걸 눈치 챘으면 좋겠다. 홀로 앉은 밥상 너머에 그를 응원하는 뜻밖의 누군가가 있음을, 그만큼 소중한 사람이란 걸 꼭꼭 새기길 바라며 나도 그럴 것이다.

(2024년 문학시대 여름호)

황골 엿

　가위를 잡을 일 있을 때 나도 모르게 서너 번 빈 손놀림을 할 때가 있다. 급변하는 세월에 편승하느라 잊은 줄 알았는데 귀는 또렷이 기억하고 있었다. 경쾌한 쇳소리 몇 번으로 기분이 좋아진다. 엿장수의 가위질 소리에 쫑긋하던 그 시절, 째깍째깍 소리가 일으키는 파장은 동네 골목을 흔들어 놓고도 모자라 무구한 어린 마음을 짓궂도록 자극했다. 엿은 대표적 길거리 간식이었다. 이런저런 사정으로 직업을 바꾼 옆집 아저씨도 해 지면 리어카를 끌고는 귀가했는데 엿판 위에는 다음 날 팔아야 할 각종 엿이 가지런히 실려 있었다.
　시장 골목 몇 집에서도 조청이나 물엿을 통에 담아 팔거나 각종 엿을 진열해 놓곤 손님을 기다렸다. 윤기가 반질반질한 갈색의 엿은 콩가루 단장을 하고 있거나 고소한 깨와 땅콩을 보석처럼 품고는 지나는 이들에게 단침을 선사하곤 했다. 접시만 한 것, 쟁반만 한 그것들을 어쩌다 사더라도 먹기 위해선 깨뜨려야 했는데 그 행위는 매번 신중함을 요구하곤 했다. 입안에서 살살 녹이다 보면 어느새 침과 함께 삼켜지던 추억의 간식이다. 지날 때마다 눈이 가던 ○○ 엿 공장은 그 글씨체만 봐도 정감이 가지 않았던가. 가위 소리가 단박에 추억을 환기시키지만 그 사이 많이도 변했다. 엿 공장 있던 장소는 콘크리트 숲이 되었고 요즘 아이들은 굳이 엿이 아니더라도 호시탐탐 달달한 것들에게 공격당하는 처지다. 뿐인가. '엿 같은 세상' '엿장수 마음대로' '엿 먹어라'처럼 종종 비하의 말로 쓰이니 억울한 고유명사다.

원주 치악산 자락 어느 한적한 외곽에 황골이란 마을이 있다. 먹을 게 마땅치 않았던 시절 그나마 흔한 옥수수를 주원료로 엿을 고느라 가마를 걸었다. 마른 옥수수를 맷돌에 타게 불린 후 다시 갈아 엿죽을 쑨다. 엿기름을 넣고 솥에서 삭히면 단맛이 우러난다. 한없이 겸손한 마음으로 불을 지켜야 한다. 오랜 시간 끓이다 맑은 물이 고이면 자루에 넣어 주물러 짠 다음 솥에 다시 부어 그 엿물을 졸인다. 강원도 전통 음식, 건강한 향토 음식의 자부심은 쉬이 얻어진 게 아니었다.

일제강점기 때도 명성이 전국적으로 자자했던 원주의 옥수수

엿. 어림잡아 백 년에서 백 사십 년의 역사를 지닌 황골엿을 5대째 가업으로 계승해온 곳이 있으니 그 이어짐이 실로 위대하다. 손쉬운 인스턴트 음식에 길든 요즘, 곡물이 가진 당 성분에 시간과 정성이 보태져 완성된 맛은 표현하기 미안할 정도로 건강한 단맛이다.

어릴 때만 해도 동네에 엿을 고는 집이 더러 있었다. 친구 집에 놀러가 장판이 거무스레하게 된 이유를 물으니 엿 고느라 불을 땔 때 장판이 눌어붙었다고 했다. 우리 집에는 없는 큰 행사였기에 나도 덩달아 친구네 엿 고는 날이 기다려졌다. 마음씨 좋은 친구가 한 조각 종이에 싸오기를 바랐지만, 엿이란 게 뚝딱 그렇게 덜어올 수 있는 성질이 못 된다는 말에 애가 달았다. 엿물을 폭 달여 먼저 조청을 만들고 조청을 굳혀야만 엿이 된다고 친구는 설명했지만 단맛에 목마른 우린 그 애가 엿 싸오는 날만 기다렸다.

기회는 바람처럼 예고 없이 찾아왔다. 그 친구의 입에서 희소식이 터져 나왔다. 그날은 부모님 다 어디 가시고 안 계시니 하교 후 자기 집에 가서 놀자고 했다. 엿이 벽장 속에 있는데 꺼내 먹어도 잘 모를 거라는 말에 하교 시간만 기다렸다. 토요일임에도 시곗바늘은 잔뜩 게으름 피우는 느낌이었다. 그 친구는 할머니와 한방을 썼는데 우르르 대문 안으로 들어서는 우리에게

"오늘이 반공일인가?" 하고 물으시곤 마당 설거지를 하셨다. 예나 지금이나 수더분한 그는 벽장 앞으로 바짝 다가선 우리에게 공평하게 엿을 나눠줬다. 붙지 않게 하기 위함인지 흰 가루를 골고루 묻힌 채 벽장 안 광주리 안에서 친구의 손길을 기다리고 있었다. 파는 엿과 달리 생각했던 것보다는 덜 딱딱하다고 얘기를 했었던가? 농축된 단맛을 채 표현하기도 전에 우르르 그 방에서, 아니 친구네 집에서 도망쳐야 했다. 호랑이같이 무서운 할머니가 들어오시며 '버르장머리 없는 에미나이들' 하시며 이북 사투리로 어찌나 야단치시는지 줄행랑치는 숨이 턱까지 차올랐고 가슴은 두방망이질에, 책가방 속에선 연신 필통이 덜거덕거렸다. 저만치 할머니 안 보이는 산 밑에 주저앉아서야 입에 문 엿은 고난 후 쟁취한 맛이어선지 꿈에서나 경험할 맛이었다.

혹시라도 친구네가 대대로 해 오던 엿 고는 일을 계속했더라면 어땠을까? 하는 생각이 든다. 그만큼 힘들고 외로운 노동이라 그 작업은 친구 어머니 대에서 멈췄겠지만 가끔 고향을 생각하면 노기 띤 할머니와 그 친구 얼굴이 겹치곤 한다. 그 어른이 돌아가시고 우리도 나이를 먹고 난 지금은 할머니를 이해하고도 남는다.

단 것 고픈 악동들에겐 그저 주전부리였지만 어른들에겐 엿이 주는 또 다른 의미가 있었다. 세밑에 만든 조청으로 과질을 만들어 조상님 상에 올렸고, 설날엔 복엿을 먹으며 소원을 비는 풍속도 있었다고 한다. 시험의 합격을 기원할 뿐만 아니라 경사스러운 날에 빼놓을 수 없는 게 엿이었으니 혼례 후 폐백상이나 근친 이바지 음식에 담겨 얼마나 귀하게 다뤄졌을지 짐작이 간다. 평소에는 맘 놓고 먹을 수는 없었지만 어엿한 상비약으로 기운이 딸리거나 소화가 안 될 때만큼은 약 삼아 한 숟갈 쭉 빨아 넘기던 조청 단지도 떠오른다.

  황골에 밤꽃이 피는가 싶었는데 어느새 밤송이가 맺혔다. 생각해 보니 사라져 버린, 사라져 가는 것들이 얼마나 많은가. 보존과 계승이 녹록치 않음을 알기에 전통은 발명보다 가치 있다고 생각된다. 오랜 시간 자리를 뜨지 않고 강원의 특색을 살려 삶을 지키고, 맥을 이어온 황골엿이 있다는 게 새삼 다행스럽다. 천연의 재료가 어울려 시간과 한 마음 되어야만 응축된 달콤함이 완성되듯 사람의 숙성도 별반 다르지 않을 거라는 생각이다.

(2023년 강원수필 32집)

억새의 기억

 해마다 있었던 자리, 덥수룩한 마른 덤불 겹겹이 헤쳐내야만 붓끝 같은 새순은 겨우 하늘 구경을 할 수 있었어. 처음엔 눈이 시려 뜰 수조차 없었지. 일만 가지 꽃들이 피고 질 동안, 나만이 여름 다 가도록 잎만 삐죽하니 선머슴 같았어. 천성이나마 연하면 또 모를까. 거칠고 억센 내 이파리와 줄기 때문에 행여나 다칠세라 가까이 오는 사람도 없었지.
 여러해살이인 나는 한 번 뿌리 내리면 단단히 터를 잡고 살아야 하는데, 어차피 단 한 번도 돌봄을 받아본 적 없는 탓에 그런 걱정은 하지 않아도 되었어. 다행이라고 해야 하나. 산이나 길가 아무 데고 잘 자라서인지 사람들은 고난을 딛고 꿋꿋이 다시 살아가는 대상을 가리킬 때면 허락도 받지 않고 내 이름을 빌려다 쓰기도 하더군. '억새 같은 삶' '억새풀 같은 여자'라고…. 내 입장에서 보면 썩 좋지만은 않은 표현이지만 강조하고자 하는 것이 '생명력'인 듯해 매번 눈감아주기는 했어.

볏과에 속하는 나는 구월 무렵이면 꽃을 피우지만 두 눈이 정갈하지 못한 사람은 알아보기도 힘든가 봐. 비바람 맞아가며 부푼 멍울 활짝 피워 자랑해 보았지만 아무도 쳐다보질 않기에 사실 꽃이길 단념한 지도 오래야.

삭신이 다 휘도록 목청껏 흐느껴도 모르는 척하던 이들이 고상한 화분에 담긴 어여쁜 꽃을 보며 반색을 할 건 뭐람. 안 겪어본 사람들은 모를 거야. 소외감이란 건 다 나은 것 같다가도 도지고 마는 지독한 병균과도 같거든. 그들이 부러워 미칠 것 같건만, 내색은 안 하려고 해. 나도 자존심이 있거든.

그럴싸한 꽃송이 앞에서 행복한 사람임을 증명하는 듯 카메라 렌즈를 들이대고는 어색한 미소를 지으며 예쁜 표정을 연습하기도 하지. 어느 누구도 내가 피워낸 꽃에 얼굴을 들이밀지 않는 걸 보면 인정할 건 인정해야만 해. 화초와 잡초의 차이 말이야. 난 잡초거든. 그것도 억새.

하늘마저 내게서 도망가고 싶었는지도 모르지. 손 내밀어도 점점 멀어지는 느낌이었어. 바람마저 없었다면 아마 못 배겼을 거야. 모두가 내 곁에 머물고 싶어 하지 않을 때 말없이 내 등을 쓸어주었거든. 붉은 노을을 홀짝거리다 취한 탓이었을까. 최면에 라도 걸린 듯이 나는 자존심이고 뭐고 속마음을 털어놓고 말았어. 꽃을 꽃으로 봐주지 않는 불합리한 모순에 대해서, 그동안 묵혀 왔던 먼지 빛깔의 수다를 뱉어냈어. 밑도 끝도 없는 얘기지만 뼛속까지 후련해지더니 마음에 늪이 하나 고이는 거야.

 꿈이라 해도 좋다고 생각했어. 깨고 싶지 않았으니까. 온몸으로 춤을 추고 있었던 것도 같아. 글쎄, 나를 보러, 꽃도 아닌 억새를 보겠다고 사람들이 오고 있다는 거야. 그들이 바짓가랑이에 묻혀온 뽀오얀 흙먼지를 보고 나는 감격에 겨워 또 한 번 몸을 떨었어. 이럴 줄 알았다면 꽃단장이라도 미리 할 걸…. 아니지, 볼품없던 꽃은 어디론가 다 흩어져버리고 버석하게 마른 몸뿐이었지. 머리는 산발을 해 백발 노파가 따로 없고 살가죽은 메말라 처량하기만 한데 먼 곳까지 나를 보겠다고 헉헉대며 민둥산 자락을 올랐다더군. 나를 좌절하게 하던 수많은 꽃들이 시들어 주검으로 변했다는 기별을 오지랖 넓은 바람이 전해주었지.

 사람들은 내 앞에서도 사진을 찍긴 했는데 역시 잡초인 내 앞에서는 행복한 척 예쁜 미소를 연습하지 않더군. 한결 편안해진 모습으로 나처럼 자유롭게 웃었고 그 청아함이 멀리 하늘까지 울렸어. 꽃으로 주목 좀 받지 못하면 어때? 아름답던 형형색색의 것들이 사라지고 쓸쓸해진 날, 솜털 같은 위로를 줄 수 있는 잡초가 세상에 어디 흔한가. 오늘도 나 억새란 풀은 진종일 손 흔드느라, 지독히 외로웠던 기억 따위는 어느새 잊고 있었나 봐.

4.
만두를 빚으며

불편한 상상

　얼마 전 동계 청소년 올림픽 경기를 보다 말고 어이없는 상상이 절로 들었다. 이런 태세의 인구 소멸로 가다가는 차후 청소년 올림픽에 대한민국이 참가할 수나 있으려나. 선수를 찾는 것 자체가 어려워 뛸 수만 있어도 육상 대회에 나가고 수영할 줄만 알아도 국가를 대표해 출전해야 할지 모른다는 웃지 못할 생각을 나는 하고 있었다.
　해마다 땅콩 몇 고랑 심심풀이로 심는 엄마는 작년 수확의 대부분을 두더지에게 희사했다. 두 얼굴을 가진 두더지란 놈들은 부지런히 땅속을 헤집으며 산소를 공급해 토양을 숨 쉬게도 하지만, 그 기특한 이유가 안 그래도 헛헛한 농부 속을 한 번씩 뒤집어 놓는다. 이번 해에는 두더지가 봐줬는지 씨알이 굵은 게 제법 풍년인가 보다. 바싹 말라 고소한 게, 손이 자꾸만 땅콩으로 가는 사이 기억은 어느새 한 지점에서 멎었다.

요즘은 옥수수나 고구마를 비롯한 어지간한 채소들은 모종을 사서 심지만, 예전엔 작물 대부분을 씨앗이나 뿌리로 보관했다가 싹을 틔웠기에 종자의 갈무리가 무엇보다 중요했다. 튼실하면서도 흠 없는 종자를 골라 탈 없이 간수하는 일은 한 해 수확의 마무리이자 다음 해 농사를 위한 준비였다. 갖가지 잘 여문 곡식은 물론 호박이나 오이 같은 채소의 씨, 내년에 꽃피울 화초의 알뿌리까지 선택된 종자(種子)들은 집안 어딘가를 당당히 차지하고 길고도 깊은 겨울 한 철을 보냈다.

땅콩이나 고구마 같은 아이들 군것질거리는 봄이 오는 속도보다 한발 서둘러 떨어지곤 했다. 아껴가며 깨무는 볶은 땅콩만큼이나 시간은 고소함을 풍기며 흘렀고, 재 묻은 군고구마는 봄볕만큼이나 황홀한 속살을 품고 있었다. 밖에서 뛰놀다 갈증 날 때면 시원하고 아삭한 날고구마를 제각각 집어 물었으니 헐기 시작한 가마니는 얼마 안 가 육중하던 몸피가 부쩍부쩍 줄었다. 주전부리 궁했던 철부지건만 미끈하니 잘생긴 것들만 추려진 고구마 상자와 살찐 것들만 모아둔 땅콩 자루만은 건드려선 안 된다는 걸 알고 있었다. 어른들 몰래 먹고 싶어도 씨 하려고 보관하는 것임을 알기에 손댈 수 없었다. 땅콩 씨가 없으면 땅콩

밭이 없어지는 것이고, 싹 낼 고구마가 없으면 고구마 이랑도 사라질 수 있다는 불안은 상상만으로도 달갑지 않았다.

얼지 않고 썩지 않고 골방쥐의 침입도 받지 않아 이듬해까지 온전한 생명의 씨로 남는 일은 얼마나 다행스러운 일인가. 봄 되어 흙 속에 묻힘으로 자기 종을 잇는 임무를 다하고 남겨진 땅콩 맛은 그래서 더 각별했다. 어쩐지 행복했던 까닭은 그야말로 엄선된 최상품이기도 했지만 짙푸르리만큼 무성한 생명력으로 땅을 감싸 안을 수 있는 풍만한 가치를 알고도 남아서였다.

깐 땅콩은 작년에 두더지가 남겨준 씨앗에서 달렸을 거라 추측하다가 갑자기 맥 빠짐에 다다른다. 땅콩보다 못하다는 건가. 어쩌다가 이렇게까지 되었는가. 자괴감이란 은근히 집요해서 끝내 위기감까지 불러들인다. 한해살이풀도 기를 쓰며 뿌리 내려 그 결실로 다시 싹을 틔우는데, 만물의 영장인 사람이라는 종은 이어짐을 미루거나 거부하는 추세다. 출산을 기피하는 우리나라는 특히나 암울하다. 작년 0.72였던 우리나라 가임 여성의 출산율은 올해는 더 하락할 것이다. 여러 형제와 또래 틈에서 자란 나는 0.72라는 수치가 더디게 가늠되지만, 초침 멎은 시계처럼 대한민국의 흐름이 어느 순간 멈춘다는 말로 들린다. 얼마나 많은 축복 속에서 태어난 세대인가. 넘치는 사랑을 받으며 많은 것을 누릴 수 있던 그들은 자기를 사랑할 줄 알고 자신의 삶을 중요시 여긴다. 어느 모로 보나 우수한 그들이 책임에 대해서만큼은 겁을 낸다. 땅콩에 빗대면 씨를 위해 엄선하는 과정이 필요하지 않을 만큼 우월하지만 그토록 좋은 유전자들이 후대로 이어지지 않는 현실이 안타깝다. 공들여 피워낸 꽃과 열매가 아무 뿌리도 씨앗도 남기지 않은 채 스러져버리는 건 허무한 슬픔이다.

개성, 감각, 당당함에 교양까지 부러운 게 한둘이 아닌 요즘 젊은이들이 그들을 닮은 아이를 낳는다면 오죽이나 잘 기를까 하는 생각이다. 어쩌다 한 번 방긋거리는 아이의 웃음을 보노라면 마음까지 맑아진다. 내색 못 하는 안심이 츠르르 스치는 순간이다. 아이를 건사하는 예의 바른 부모를 만나는 보기 드문 경우는 그날의 행운이다. 주변이 훤해지며 부부가 장해 보인다. 의젓한 그들이 틔워낸 싹이 단단한 열매를 맺어가는 미래를 지긋이 그려도 본다. 어쩌면 정말 혹시라도, 저 아이의 활약을 어디서든 지켜보며 응원하게 될지도 모른다는 상상은 오롯한 나의 몫이다.

(2024년 문학시대 봄호)

자 리

　누구든지 원하는 자리가 있을 것이다. 본인이 좋아하고 어울릴 만한 자리를 늘 갈망하는 존재가 사람이다. 음식점을 하다 보니 사람들의 공통점을 발견한다. 그럴 때마다 나만 그런 게 아니라는 동류의식이 느껴져 가끔은 위안을 받기도 한다. 기껏해야 두세 뼘 되는 궁둥이를 붙이는 일이건만 그게 그리 단순한 일만은 아닌 것 같다. 자기가 한 번이라도 앉았던 자리를 안식처로 인식하는 애착을 엿볼 수 있다. 전화로 예약하는 단골에게 평소 그가 앉던 자리를 마련해주면 열에 아홉은 고마워한다.
　남들 시선이 부담스러워서일까. 성큼성큼 들어오자마자 기둥 뒤에 안착하듯 앉는 사람이 있고 너른 중앙을 차지하고 앉아 시끌벅적 얘기하는 걸 즐기는 사람도 있다. 의자에 앉기보다는 방바닥에 엉덩이를 붙이길 고집하는 사람도 있고 더러는 구석자리에서 면벽하며 앉기도 한다.
 가장 신경 쓰이는 경우는 간혹 콩깍지가 아직 안 벗겨진 커플이 나란히 앉아 소곤거리며 먹을 때다. 왠지 모르게 그들의 분위기가 깨질까 봐 조심스러워지는 나를 깨닫는다. 젊은 연인들이 마주보기를 마다한 채 곁에 바싹 붙어 한 방향으로 있는 저 마음, 지금 그들에게만 흐르는 저 온도가 부디 오래가기를 바라곤 한다. 나란히 앉는 것만으로 세상을 다 가진 것만큼 좋을 저들은 얼마나 행복할까.
 그러고 보면 누구든지 자기에게 안성맞춤인 자리가 있는가 보다. 그리고 내가 앉은 자리가 소중한 만큼 타인이 취한 그곳도 존중받아 마땅하다. 내일이 보장되지 않는 오늘을 살아가는 현대인들에게 엉덩이를 붙이고 나서야 가까스로 갖게 되는 안정감이란 지극히 소박하지만 또 얼마나 진실한 위안인 걸까.
 원하든 원하지 않든 태어나기도 전에 이미 부여받는 자리가 있다. 생명의 씨앗이 뿌리를 내리는 '자리'는 내가 선택할 수 있는 자리는 아니다. 맨 앞의 자리에 탐이 나 맨 먼저 세상에 나오는 것도 아니고, 막내로 태어났다고 해서 가장자리를 좋아하지는 않을 것이다. 그런데도 알게 모르게 책임과 양보를 터득하고 감사와 배려를 익힘은 어떻게 해야 설명이 될까. 쌍둥이를 보아도 간만의 차이로 먼저 나온 형의 얼굴은 어디가 달라도 다른 게 느껴진다. 태어난 순서에 따라 배정되는 형과 아우의 자리는 성격이나 마음가짐에도 영향을 준다. 누군가도 나처럼 한 번쯤은 태어난 순서로 정해진 자리를 바꿔보고 싶은 생각을 한 적이 있을 테지만 지금쯤 그도 알았을 것이다. 자리마다 역할로 어우러지기 마련이고, 살다 보니 서로가 고마울 뿐임을….

 반면 혼자서는 살 수 없는 게 세상이니 자의든 타의든 사회에서도 저마다의 자리가 있는 게 사실이다. 살아가기 위해서는 저마다의 자리에 책임을 지고, 잘 지켜내는 한편 끊임없이 남의 자리도 보살펴야 하건만 요즘 현실이 녹록지가 않다. 자리를 잃었거나 아직 찾지 못한 수많은 사람이 있을 만한 자리를 찾아 두리번거린다. 가장 시급한 문제가 일할 수 있는 자리건만, 사람이 하던 일은 점점 줄어드는 형세다. 특히나 안타까운 건 부족함을 겪을 기회가 많지 않아서 어려움에 단련될 기회가 적었던 젊은 층의 미래가 안개 속만 같아서 선배 세대로서 미안하다. 여러모로 우리 세대보다 뛰어나고 지혜로운 그들이 마음 편히 자신의 자리에서 꿈을 펼칠 날이 당겨지길 바랄 뿐이다.

 누구는 지친 몸 하나 기댈 공간이 없고 마음 붙일 자리 한 뼘 없는데 자리에 대한 애착이 남다른 사람들이 있어 눈살을 찌푸릴 때가 있다. 소수의 권력자들은 몇 번씩 말과 얼굴을 바꿔가며 자기만의 위치를 지키고자 전전긍긍한다. 오르기 위해서 그토록 애쓰던 자리였건만 막상 앉아 보면 생각이 달라지는 걸까. 인사를 받으며 물러나는 모습이 아닌, 그대로 추락하는 모습을 지켜봐야 하는 씁쓸함은 끝내 흉터를 남기고야 만다. 아주 오랫동안 왠지 모를 배신감으로 허탈감을 견뎌야 하는 것은 익숙해지기 힘든 고통이다.

안락하고 포근한 자리만 있다면 이 세상은 먹통이 되어 녹이 슬어버릴 것이다. 다행히 모든 이가 그런 자리를 바라는 것은 아니다. 바람 앞에 정면으로 맞서고 희생만을 떠안아야 할 수도 있지만, 그 불편한 자리를 대가 없이 감내하는 누군가가 분명히 있다. 나름대로 살아지는 건 주어진 자리를 묵묵히 지키는 자들, 남의 자리를 탐하지 않고 자기 자리를 탓하지 않는 평범하지만 비범한 사람들 덕분이다. 누군가 끊임없이 감동을 주고, 발견하기에 그럭저럭 세상은 돌아간다.

비어있는 자리를 볼 때면 거기 앉았던 누군가의 모습들이 겹쳐진다. 잠시 이곳에 머물렀던 그들의 또 다른 자리는 어떤 곳일까 궁금해진다. 그들이 점유한 그 자리야말로 아무에게나 허락되지 않는 그들만의 자리라며 오늘은 왠지 갈채를 보내고 싶다.

(2022년 한국문학인 여름호)

만두를 빚으며

컴퍼스로 둥그렇게 원을 그린 후 케이크라도 자르듯 시간표를 배분해 놓으면 절반은 성공이었다. 잠자는 시간과 공부 시간 아침 점심 저녁 식사 시간까지 세심히 분할하면 뿌듯한 생활계획표가 완성되었다. 내가 그린 계획표가 낯설어지기까지 그리 오랜 시간이 걸리지 않았지만 그렇다고 내 생활이 멈추었던 건 아니었다. 누구나 계획대로의 삶, 구획 지어진 생을 사는 건 아니다.

만두를 배워 분점을 낸 게 2019년 가을이었다. 살던 자리를 옮겨야 했던 상황은 안개 그 자체였고, 안 해봤던 일들에 덤벼들어야 하는 생소함은 날카롭기만 했다. 두려움이 없지는 않았지만 이미 시작한 일이고, 부딪히다 보면 나아지리라는 대책 없는 긍정을 무턱대고 믿었다. 석 달 후면 세상을 뒤덮을 불길한 장막(코로나19)을 예견할 만큼 상상력이 풍부하지 못했던 나는 지극히도 평범한, 이 시대의 중년이었다.

삼국시대에 남만을 징벌하고 오던 제갈량이 심한 풍랑을 만났다. 마흔아홉 명의 머리를 놓고 신에게 제사를 지내야만 한다는 말에, 밀가루로 사람 머리 모양의 음식을 만들어 제사를 지내니 거짓말처럼 풍랑이 잠잠해졌다. 이때 나온 이름이 만두다. 속일 만(瞞)과 음이 같은 만(饅)을 빌려 饅頭라고 불렀다고 한다. 고려 충혜왕 4년 어떤 이는 궁궐 부엌에 들어가 만두를 가져갔다는 이유로 죽임을 당했다. 우리나라 만두에 관한 최초의 기록이란 걸 보면 지금과는 급이 다른 특별한 음식이었음을 알 수 있다.

특별하다는 것은 좋은 것인가? 어디서든 아무 때나 접할 수 있는 대중성이 곧 생명력이 되는 경우가 어디 음식뿐이겠는가. 없는 듯 잊은 채 살다가도 우연히 마주치면 왠지 더 반가운 사람이 있는 것처럼 만두도 그렇다. 무시로 먹을 수 있는 평범함이 망설임을 덜어주면서도 특별한 음식 같은 착각을 불러일으키는 원인을 뭘까.

외가에 가면 소쿠리 가득 쪄주시던 만두마다 따사로움이 담겨 있어 씹을 때마다 사랑이 육즙처럼 고이곤 했다. 외할머니

정을 많이 받고 자란 나는 아직도 그 만두의 온기가 가끔 생각난다. 엄마랑 동생들과 둘러앉아 빚던, 모양 제각각의 만두는 서서히 소반의 꽃무늬를 잠식했고, 슬쩍슬쩍 퍼먹던 만두소 맛은 그 시절 시린 겨울만큼이나 얼큰하고 찝찔했으며 그리고 고소했다. 끓는 기름에서 노릇노릇할 때 건져, 먹다 보면 입천장이 들고 일어나던 중앙시장 튀김만두가 수십 년 전 친구 얼굴을 소환하는 걸 보면 만두는 바로 추억이다. 한 입 베어 우물거리는 순간 물큰 터지며 씹히는 그리움 주머니다.

빚을 때마다 실감하는 것이 만두는 역시 손이 많이 가는 음식이다. 특히나 소를 만드는 일이 그렇다. 여러 재료를 잘게 다져 준비하는 일은 늘 더디다. 있는 대로 물기를 짜서 갖은양념을 넣어 골고루 버무리는 일은 언제나 신중하고 공평해야만 한다. 숙성된 밀가루 반죽을 치댄 다음 얇고 널따랗게 밀어 주전자 뚜껑으로 자른다. 한 장 한 장 만두피를 떼어낼 때면 어릴 적 종이 딱지를 떼어내던 기분만큼이나 묘한 만족감이 번진다.

만두를 빚는다는 건 즐거우면서도 고독한 일이다. 삿된 잡념은 어느새 꼬리를 감추고 여러 생각을 정리하는 게 최우선으로 할 일이다. 집중해서 뜨는 만두소 첫술은 그렇게 몇 시간이고 나를 다스린다. 수북이 쌓인 만두소는 아주 서서히 한 술씩 줄어가지만 그 한 숟갈 한 숟갈에 구릉이 허물어지고 기어이 대야의 바닥은 드러나고야 만다. 매번 찾아오는 이 경험에서 '시작이 있으면 끝이 있다.'는 진리를 백번이고 수긍한다. 뿐인가. 소가 가득 담긴 대야를 야금야금 비우는 지극히도 사소한 동작이 없다면 만두는 영영 완성되지 못한다. 무언가를 비운다는 건 또 다른 채움의 시작이라는 것을 나는 만두를 빚을 때면 가끔 실감한다. 알알이 만두를 빚는 일은 경건하게 자신을 낮추는 일이기도 해 대부분의 사람들은 만두를 먹을 때면 기꺼이 감사해한다. 서로 다른 성질의 재료들이 만나 어우러지는 오묘한 조화에 고개를 끄덕이면서….

특별하다면 특별하고, 소박하다면 소박한 음식인 만두를 빚을 때면 한 사람 한 사람 누군가를 생각하게 된다. 소식을 몰라 그리운 사람, 연락을 못 해도 왠지 옆에 있는 듯한 사람, 겨울이면 더 걱정되는 사람도 머릿속에 오래 머물곤 한다. 모두 잘 있기를, 다시 만날 때까지 천천히 아껴가며 저마다의 삶을 사랑하길….

(2022년 문학시대 신년호)

셋째 큰댁

 아버지가 막내라 큰집이 다섯이나 되었지만 셋째 큰집은 남다르다. 살림 난 지 몇 해 되지 않았던 아버지가 고향을 떠난 이유는 어마어마한 인공호수가 터전을 집어삼킨 탓이다. 소양강 댐이 건설되며 이주해야 했던 아버지가 향한 곳이 다섯 살 이후로 내가 자란 곳이다. 셋째 큰집에 의지하며 타향에 정착한 덕분에 나의 추억은 풍성할 수 있었다.
 나는 큰집이 좋았다. 동생들이 태어나며 점점 비좁아지는 우리 집보다 엄청 넓고 깨끗했다. 마루는 언제나 윤이 났고 사철나무 울타리를 한 뒤란은 훤칠했다. 정갈한 안마당도 아늑했지만 흥미롭기는 바깥마당을 따라올 수 없었다. 디딜방아 때문이었다. 찧고 빻는 동작이 신기해 따라 하고 싶었고 쿵덕거리며 방아다리에 올라 어른 시늉을 내기도 했다. 단지 형태만으로 큰집을 부러워한 건 아니다. 가겟집이라 불리던 큰집 마루 안쪽엔 몇 가지 안 되는 과자가 진열되어 있었고 널찍한 부엌 바닥은 큼지막한 술독을 품고 있었다. 막걸리를 받으러 가면 인자한 미소로 바가지로 휘휘 저어 넉넉하게 담아주시는 큰엄마 덕분에 오는 내내 한쪽 팔이 절로 기울었지만 웃음기 번지는 아버지 얼굴은 심부름하는 동심을 의기양양하게 했다.

뒤란만 나오면 우리 집이 보이던 터라 우리 마당에서 일어나는 일을 모두 알 수 있었지만 A, B, C 세 명의 사촌오빠들은 하루에도 몇 번씩 논둑길을 건너왔다. 그중의 일등은 B오빠였다. 바지런한 그는 물고기를 잡아 오기도 오고 산토끼도 가져오고 개구리가 든 주전자를 들고 올 때도 있었지만 무시로 터덜터덜 들어와선 문고리를 당겼다. 심부름일 때도 더러 있었고 큰아버지한테 핀잔을 들었거나 무슨 일로 뽈딱지가 났을 때면 애꿎은 화롯불만 뒤적이며 작은집 동생들 재잘대는 틈에서 오래 머물곤 했다.

눈만 뜨면 큰집이 보였고 큰집 마당이 궁금했고 무엇보다 동네에서 유일하게 과자와 라면을 떼다 파는 큰집에 가고 싶었다. 언젠가 B오빠가 퍼다 준 라면이 가끔 생각나는데 너무 많은 양을 무쇠솥에 끓였던 탓인지 팅팅 불어 있었지만, 지금 아무리

맛있는 라면을 대령해도 그때 그 맛을 이길 순 없을 것 같다.

소처럼 순한 눈빛으로 우리 노는 걸 기특하게 바라보던 A오빠는 새언니를 맞으면서 난생처음 '아가씨'란 말을 듣게 해줬다. 살가운 새언니에게서 '고모'라는 호칭으로 불렸을 때는 어깨가 하늘로 솟는 듯 뿌듯했던 기억이 난다.

아쉬우면 찾는 곳이기도 하고 뭔가 해결되는 곳도 셋째 큰집이었다. 학교에 가져갈 돈을 달라고 하면 비상금 없던 엄마는 "미리 말 안 하고 꼭 아침에 얘기한다."며 큰집으로 향했고, 망가진 우산이 창피해 차라리 비 맞고 학교 가겠다면 큰집으로 건너가 누군가 두고 간 우산을 빌려왔다. 시내 나갔던 동생들이 길을 잃은 날 파출소에서 연락 온 곳도, 외할머니의 부고를 알려준 곳도 동네에 딱 한 집만 전화가 있던 큰집이었다.

중학생이 되면서 큰집에 있는 과자도 차츰 시들해졌다. 사춘기가 다가오니 1년 선배인 C오빨 학교서 만나면 일단은 여러 가지로 불편했다. 사격부인 그는 부원들과 같이 연습하고 방학 때도 합숙 훈련하느라 무리로 다녔는데 그들 중에 관심 가는 남자아이가 있었던 탓이다. 그 애가 보이는 곳이면 늘 오빠도 있었기에 이미 방망이질 시작된 마음속에선 설렘과 불편함이 첨예하게 대치했다. 다행인 건 오빠라고 사춘기를 피해갈 수 없었다. 내 눈엔 보였다. 그 역시 첫사랑을 치르는 중이었다. 사격

장에서 과녁만 겨냥하던 냉철한 눈빛과 너무 달라서 나만 헷갈리고 낯설었을 뿐이다.

그 혼란한 시기에도 그는 역시 친절한 사촌 오빠였다. 어쩌다 수틀린 아침, 시위랍시고 도시락을 안 가져온 날이면 누군가 복도에서 나를 찾았다. 교실 문을 나서면 오빠가 있었고 손에는 내 도시락 가방이 들려 있었다. 그것도 국물이 배어 나와 김치 냄새가 코를 찌르는 채로…. 예민한 심사에 오빠도 엄마도 모두 내 편은 아닌 것 같았다.

큰집을 바라고 온 그 동네건만 어느 날 갑자기 큰집은 우리 곁을 떠나야 했다. 슬픈 아버지가 술만 찾을 때, 아무것도 찾을 게 없던 우리는 마음 밑바닥에서 바람 빠지는 소리만 들어야 했다. 늘 든든하던 기둥을 잃은 우리 모습엔 덕지덕지 상실감이 달라붙었고 큰집을 내보낸 땅임자를 원망의 시선으로 바라봐야 했다. 당시 자기 땅에 집을 지으려는 그 댁 사정을 이해하기엔 무리였다.

그 집을 지날 때면 나는 어린아이가 되어 옛일을 헤집는다. 방아가 있던 자리, 대청마루, 부뚜막 옆 술 항아리, 뒤란 펌프에서 퍼지던 물방울, 핏빛 달리아…. 모두 기억에서 건재함을 확인한다. 큰집을 좋아하던 아이가 중년이 되는 동안, 강산이 몇 번씩 그 얼굴을 달리했다. 아이를 하나만 낳거나 출산을 기피하는 요즘은 큰집 작은집 사촌 간의 정을 느낄 기회가 없을 거라 생각하니 왠지 짠하다. 나의 그 시절이 허술하고 남루하면 좀 어떤가. 추억이 이토록 사람을 든든하게 만드는데….

 그리고 보니 어느 날 큰집은 떠났지만 내 마음속 셋째 큰집은 늘 거기에 있었다.

(2023년 강원수필 32집)

옥수수수염 거뭇해지면

 올여름도 피하지 못했다. 일 년 중 가장 번잡할 시기에 청해 오는 도움을 차마 마다할 수 없었다. 해마다 삼복더위 속 벌어지는 택배사무실 진풍경이었다. 문이 열리기만 기다렸다는 듯 포대들이 들이닥쳤다. 한낮이 지나면서는 아예 혼이 나가버릴 정도였다. 수시로 여닫는 출입문 탓에 에어컨 켜기는 언감생심, 찜통 같은 공간엔 벽걸이 선풍기만이 더운 숨을 게워내고 있었다.
 사람들은 좀처럼 줄어들지 않았다. 그나마 받을 사람 목록을 보기 좋게 인쇄해온 경우는 감지덕지였다. 노트나 달력 뒷장에라도 적어 오면 충분히 고마웠다. 그마저도 성가신 사람들은 여러 건이나 되는 주소들을 휴대폰 대화창을 하나하나 밀어가며 보여주고 있었다. 팔꿈치가 부딪힐 때마다 끈적거리며 쩍쩍 달라붙었다. 자기 주소를 모르는 경우가 허다했고, 올바르지 않은 주소 때문에 일은 자꾸만 지체되었다. 급한 나머지 아파트 이름만 적고 동이나 호수를 적어오지 않는다거나 번지수를 적지 않고도 물건만은 제대로 도착하길 바라고 있었다.

나름대로 사정은 있을 법도 하다. 본래 옥수수란 것이 개꼬리가 나면 수염 마르는 건 순식간이다. 우물쭈물하다가는 금세 딱딱해지기 때문에 팔아넘길 땐 신경을 집중해야 한다. 그게 고달파 장사꾼과 계약하기도 하지만 제값 받으려면 힘은 들어도 직거래로 파는 게 최고다. 단골이 있다면야 수십 접도 가능하겠지만 그렇지 않다면 판로에 무척이나 애를 먹기도 한다. 찰옥수수 특유의 거짓 없는 맛 덕분에 땡볕 속에서 시간과의 전쟁을 해야만 한다.

삼천리 구석구석 옥수수가 퍼지는 동안이면 참으로 많은 것을 보고 느끼게 된다. 자식들이나 친척들 몫몫이 택배를 보내주는 모습에서 농부만의 몫인, 땀의 외로움과 넉넉함의 아슬아슬한 교차점을 엿보곤 한다. 아침저녁 다르게 여무는 탓에 제때 수확하는 게 고역이지만, 보람으로 이어진다면야 나쁘지만은 않을 것이다.

수염 마르도록 못 팔고 있는 이웃이 있으면 서로 여기저기 팔아주는 모습을 볼 때도 있다. 타들어 가는 마음을 누구보다 잘 알기 때문이리라. 문제는 옥수수를 즐기는 인구의 감소 탓인지 점점 수요는 줄어들고 단위는 소포장을 좋아하는 추세이다. 혼밥 혼술이란 말이 흔해진 마당이니, 농가에서는 팔기는 어렵고 신경 쓸 사항은 더 늘어나는 것이다.

  지겹도록 강냉이가 한창이던 날이었다. 수박빛으로 얼굴이 익어 버린 아주머니가 들어서자마자 냉수를 찾았다. 기다리던 사람들은 안중에도 없다는 듯 대뜸 연습장을 들이밀었지만, 차례대로 하느라 한참 후 들여다보았다. 비뚤배뚤한 글씨들이 적혀 있었지만 아무리 입력해도 없는 주소였다. 다시 확인해 달라고 하니 '맞다'며 큰소리로 우겼다. 어디 한 군데 딱 맞아떨어지는 게 없는데 '강냉이 따느라 더워서 혼났다'는 얘기만 하며 모두 지인들이라 사주기로 약속했다는 말만 되풀이했다. 아무리 사주고 싶어도 주소가 맞아야 도착하지 않겠는가. 난감한 마음에 적힌 번호로 전화했다. 저쪽에서는 '토요일이라 받기가 곤란하다'며 수요일에 보내라고 했다. 아주머닌 '그때 되면 다 말라서 못 먹게 되니 오늘 제일 맛날 때 먹으라고, 이 삼복더위에 땄으니 제발 받아 달라'고 애걸하고 있었다. 표시된 것을 보니 저편에서 두 접을 사겠다고 해놓고는 토요일이라 꺼리고 있었다. 땡볕더위를 인내했던 아주머닌 예상과 어긋난 반응에 주소는 고사하고 서운함이 치밀었는지 '관두자'며 전화를 끊었다.

가만히 있는 사람도 잡을 듯한 더위였다. 하소연 섞인 푸념이 소란했지만 누구도 뭐라 할 수 없었다. 홀로 계시는 친정아버지 옥수수 팔아주느라 서울서 내려왔다며 모노드라마 하듯 대사를 토해냈다. 밭 묵히기 싫다고 대책 없이 강냉이를 심어놓았다는 아버지를 비롯해서 곁에 살면서도 무심한 동생에 대한 서운함, 사겠다고 하고는 달가워하지 않는 상대에게 아쉬운 소리를 해야만 하는 난처함이 불쾌지수 앞에서 사정없이 너울거렸다.
　맏이로서의 그간의 삶을 말하지 않아도 알 수 있었다. 다시는 친정 일에 신경 쓰지 않을 거라며, 강원도에 얼씬도 안 할 거라며 돌리는 얼굴에서 붉어지는 눈동자를 보았다. 늘 중앙을 내준 채 가장자리를 맴돌던 사슴의 뒷모습이 떠올랐다. 냉수를 건네며 이왕에 늦은 거 천천히 해보자고 했다. 틀린 주소는 전화로 물었고 연결이 안 되면 문자를 보냈다. 하나둘씩 답장이 왔는데 그중엔 이름이 틀린 사람도 있었다. 수요일을 고집했던 분도 한 접만 받기로 했다. 시간은 한참 걸렸지만 가져온 옥수수를 모두 부칠 수 있었다. 그사이 화가 가라앉은 그녀는 이제 한글을 배운 지 얼마 되지 않았다며 그걸 적어오느라 얼마나 애를 먹었는지 모른다며 메꽃처럼 웃었다. 전화기로 보내오는 문자도 이제 겨우 읽기 시작했다는 그녀가 나를 보며 말했다. "언제쯤이면 나도 컴퓨터 앞에 앉아 볼까?"

급선무를 마친 느긋함에선지 의자에 앉아 이런저런 이야기를 꺼내놓았다. 강냉이 이삭과 씨름 한 후 한바탕 살풀이까지 마친 그녀는 친정 떠난 지 사십 년 된 여인, 아버지 옥수수가 걱정되어 내려온 맏딸이었다. 고맙다며 아이스크림을 안기더니 녹기 전에 얼른 가서 아버지랑 먹겠다며 총총히 나섰다.

곁에 사는 자식조차 무덤덤할 때 먼 길 내려오게 만드는 피의 더워짐을 어떻게 설명해야 할까. 또한, 사람에게 있어서 배우고 안 배우고의 차이라는 건 얼마나 더 추상적이어야 할까 하는 생각이 들었다. '맞다'고 우기던, 꾹꾹 눌러쓴 글자의 획이 뒤늦게 한 움큼의 감동으로 다가왔다. 참사람이란 거창하지 않은 의미이다. 너무도 찾기 쉬운 곳에 있는 까닭에 눈을 크게 뜨고 찾으려면 오히려 어색할 것이다. 마음이 옳다는 대로 움직일 줄 아는 사람, 스스로 떳떳한 사람, 배움을 즐거워하는 사람이면 그야말로 참된 사람이지 않겠는가.

며칠 머무는 동안 서울 주인집까지 챙기며 옥수수를 부치러 오던 그녀를 이젠 볼 수가 없다. 어느새 아침저녁을 매만지는 소슬바람이 야속하기만 하다. 사슴 같은 눈으로 살아가는 한 여인이 행복했으면 하는 바람이다.

잉여의 불편

　사람이라면 부족한 것을 채우거나 개선하며 살아가려고 한다. 모르는 걸 배워 익히고, 모자람을 보충하다 보면 어느새 좋은 결과가 완성되기도 한다. 이렇듯 수요에 맞추어 공급이 딱 맞아떨어지면 얼마나 좋을까만 모든 일은 뜻대로 되지 않는다. 품귀와 과잉이 좀처럼 합일점을 찾기가 어려운 탓에 절충이 아쉬울 때가 더 많으니 말이다. 우리 사는 세상에 점점 품귀 되는 것이 많은 반면, 그 사실을 잊고 사는 인류 때문에 편리는 과잉을 이루어 볼썽사납게 넘쳐나곤 한다.
　우리를 둘러싼 환경은 물려받은 유산이기에 깨끗이 쓴 후 다시 물려줘야 하는 것이다. 어느 누구의 소유도 아니기에 함께 공유하며 보존해야 하건만, 당장의 눈앞만 생각하고 큰일을 저

지르는 모습에 안타까워지는 순간이 많다.

도로포장이 너무도 잘 되어 있다는 것이 때로는 슬프게 비춰진다. 요즘 길을 가다 보면 옛길이 된 도로를 많이 접하게 되며, 지금도 곳곳에서 진행 중이다. 도로망 개선이라는 명목도 좋지만 애초에 먼 미래를 내다보는 설계가 필요하다고 본다. 자연이 밀려나고 국토가 훼손되는 걸 볼 때마다 부아가 나고는 한다. 여기저기 흉터로 땜질한 듯한 콘크리트가 우리 터전을 병들게 하건만, 먼 훗날을 고려하지 않는 행정이 아쉽기만 하다.

이미 오래전에 이상기후 미세먼지 온실가스 수온 변화 등의 증상과 물 부족 전력 부족 등의 징후로 위험을 알렸건만, 지구의 입장에서 보자면 사람들이 추구하는 편안함이야말로 열병을 일으키는 바이러스인 셈이다.

오늘 아파트 입구 분리수거장을 지나며 본 풍경은 어질러진 중고용품 매장과도 비슷했다. 전신거울, 믹서기, 전기밥솥, 평면형 TV, 프린터기, 여행 가방, 서랍장, 라디오, 화분…. 사물의 수명이란 것이 인간의 그것과 반비례하는 건지…. 버려지는 것들이라지만 너무도 멀쩡해 보여서 전원을 연결하거나 깨끗이 닦으면 다시 살아날 것처럼 보였다. 아무렇게나 자리 잡은 가지각색 물건들 탓에 모처럼 핀 거리의 봄꽃들도 대놓고 화사할 수 없었다.

작년 연말에 함께 차를 타고 오던 어느 시인이 말했다. '잘살아서 너무 슬프다고.' 당시에 나는 잘살게 되면서 잊히기 마련인 소중함 때문에 가슴 아프다는 뜻으로 해석했고 가끔은 그 말을 떠올리기도 했다. 버려짐이 흔한 세상에서 살아간다는 건 온전한 가치를 느낄 시간이 부족하다는 생각이었다.

눈만 뜨면 진기한 물건이 쏟아져 나오는 세상이지만 사람이건 물건이건 새로 친해지는데 낯을 가리는 성격이다. 고장이 나기 전에는 바꾸는 성격도 못 된다. 새로 나오는 것들보다는 둔하지만 정이 들 대로 든 그것들은 내 손가락의 온도를 기억하고 내 마음을 편하게 한다. 내다 버리는 순간에 제 명을 못 채우고 생명을 잃어버릴 것 같은 노파심 탓에, 주위에서 이야기하는 신제품의 장점도 못 들은 체한다. 아마도 이런 마음은 쉽게 변하지는 않을 것이다.

가전제품이야 그렇다 치고 내가 가장 고민하는 것은 일상 속의 쓰레기 문제이다. 최근의 뉴스가 아니더라도 재활용 쓰레기의 대란은 심각하기에 이르렀다. 분리수거장은 언제나 포화상태다. 내용물을 보호하기 위해 제공되기도 하지만, 후하기만 한 포장인심에 절로 눈살이 찌푸려진다. 겉치레에 이용되는 포장 재질은 나날이 고급스러워지고 속포장 역시 나름대로 견고함을 갖추고 있다. 이중 삼중의 과대 포장을 뜯어내자마자 쓰레기로 배출하는 형편이니 분리수거장은 늘 만원 상태를 면할 수 없다. 그러니 좁은 땅 더미에서의 처리장소와 일손은 어떨 것이며 그 순환의 과정이 어찌 순탄할 리가 있겠는가. 하물며 일회용으로 나오고 있는 종이컵이나 접시들마저 점점 고급화되는 실정이니 마냥 좋은 시선으로 보아줄 수만은 없게 되었다.

무심히 쓰게 되는 일회용품이 많아진다는 건 그만큼 버리는 것에 익숙해져야 하는 것이며 그 속도 역시 빨라지는 것이다. 아껴서 다시 써야 한다는 의식보다 쓰고 버리는 일이 손쉽다는 인식이 정신으로까지 확장될까 봐 염려되기도 한다. 아무리 사람을 위한 편리라지만 과유불급이란 말도 있지 않은가.

특히나 요즘엔 폐비닐 문제가 심각하다고 난리이다. 비닐의 보급이 생활의 혁명이 되었던 때는 방수가 되고 썩지도 않는다는 게 가장 큰 강점이었지만 지금은 그 편리함이 환경을 위협하며 인류를 구속한다. 하루라도 비닐 없이 살아가긴 힘들 것이다.

며칠 전에 찾았던 약국은 갑자기 몰려든 사람들로 붐볐다. 약사는 상담 중이었고, 직원 한 분이 처방전을 받아가며 손님이 달라는 약을 찾아주기도 하며 계산까지 하고 있었다. 약사보다 몇 배는 더 바빠 보였다. 안약 하나, 진통제, 파스 하나를 사도 일일이 비닐봉지에 담아 주느라 공간은 더욱 비좁아 보였다. 정신없이 일하던 그에게 봉투 넣지 말고 그냥 달라고 하니 잠시 짬을 내어 감사하다고 웃었다. 주는 입장에서는 손님에 대한 예의나 직원으로서의 친절을 베푼다고 생각하겠지만, 원하지 않는 제공을 나는 종종 거부하는 중이다.

오래전부터 거저 얻게 되는 비닐류가 달갑지 않았다. 내가 재사용할 기회보다 받아오는 양이 많으니 집에서도 쌓여 가기 마련이었다. 깨끗한 건 차곡차곡 접어서 시장에서 장사하시는 할머니께 드리기도 했었는데, 요즘엔 그럴만한 형편이 안 된다. 물기 있는 물건이 아니라면 어지간하면 봉투를 받아오지 않는 까닭이다. 흙이나 물기라도 묻었다면 모를까. 생산과 가공의 단계에서 이미 포장을 잔뜩 껴입은 상품들에까지 굳이 거추장스러움을 덧입힐 필요는 진즉에 없었다. 우리나라에선 유독 다른 나라에 비해 비닐봉지의 사용이 과하다고 한다. 딱히 필요하지도 않으면서 으레 거기에 물건을 담아 오는 습관부터 고쳐져야 한다.

얼마 전부터 자원의 절약과 재사용을 유도하기 위해서 봉툿값을 받기로 했지만 잘 지켜지지 않는 모양이다. 필요한 물건은 비용을 내고 가져오는 게 마땅한데도 봉툿값을 내라면 야박하다고 생각하는 것 같다. 얼마 안 되는 돈 때문에 손님과 실랑이라도 벌어지면 계산대에선 난감하기 일쑤다.

요즘도 마트에 가면 친절한 점원은 습관적으로 묻는다. "봉투 드릴까요?" 거저 주겠다는 말인지 필요하냐고 묻는 말인지 확실하지도 않지만, "아니요."라고 말한다. 원하지 않는 제공은 나에게 처리에 대한 걱정까지 안길 뿐이다. 비닐 한 장 안 들고 오는 일이 뭐 그리 대수냐고 할지도 모르지만 애당초 쓰레기를 만들지 않는 일이다. 누구나 손쉽게 실천할 수 있고 환경에 대해서도 덜 미안한 일이다. 생각해 보라. 무심코 받아 든 비닐이 쌓여 지구의 숨통을 조르는 걸 말이다.

뭐든지 적당한 것이 제일 좋지만 그것 또한 쉬운 건 아니라고 생각한다. 버리지 않기 위해선 많이 가지려 하지 않는 게 먼저다. 쓸데없이 넘치는 잉여가 우리 삶을 병들게 하고 있음을 잊어서는 안 될 것이다. 불필요한 편리에 젖어 들지 않길 바란다.

보릿고개를 겪은 시인의 '잘살게 되어서 슬프다.'는 말이 귓전에서 떠나지 않는다. 수치로만 검증되는 산업화의 효과 앞에서, 잃은 것들에 대한 묵념 같기만 하던 하소연이….

(2024년 강원수필 33집)

전원 일기

　사람이 자꾸 그리워지는 밤, 애꿎은 리모컨만 괴롭히던 손놀림이 우연히 케이블 채널에서 멈췄다. 그 많은 채널 중에서 엄마가 즐겨본다는 전원일기가 방영되고 있었다. 우리나라 최장수 드라마로 막을 내렸던 전원일기는 그 시절, 농촌의 모습을 사실적으로 보여주며 삶의 희로애락을 잘 표현해 시청자들을 22년 동안 사로잡았다.
　어렸을 때부터 저녁을 먹고 난 온 가족을 아랫목으로 집합시키던, 어느 시골 마을에서 일어나는 삶이 고스란히 전파를 타는 것처럼 여겨지던 드라마였다. 세월이 그러하니 그사이 여러 명의 작가가 이야기를 이끌었고, 아역들도 차츰 성인으로 대체되었다. 이 드라마에 출연했던 배우의 말을 빌리면 자꾸 근대화되어 가는 농촌 배경 탓에 촬영지를 몇 번 옮겨야 했다고 한다. 왜 아니겠는가. 그 시절 현대화에 얼마나 목말랐던 우리나라였던가.

초등학교 시절 처음으로 접했던 전원일기는 내가 주부가 되어서도 방영되고 있었으니 지금 생각해도 그보다 건강한 드라마는 없었다.

이십 년 전 막을 내린 그 드라마가 4차 산업혁명 시기라는 현재에 와서 전에 없이 집요하게 나를 화면 속으로 빨아들인다. 세련된 화장도 아니고 멋 낸 옷차림도 아니건만 배우들 모습은 하나같이 앳되고 곱기만 하다. 4대가 함께 사는 김 회장네 식사 모습은 부러워지고, 그 속에서 깨우치는 가족의 애틋함과 예절에 세상 변화를 실감한다. 당시엔 건성으로 지나쳤을 극 중 어른 말씀을 지금은 이해할 수 있다. 재방영되는 전원일기가 그 시절을 환기시킨다. 내 아버지, 엄마의 모습, 할머니, 동네 사람들, 같이 자란 친구들이 등장하는 바람에 미성숙하게 보내버린 나의 그 시기를 한번 되돌아보라는 메시지를 보내는 것만 같다. 내가 성장했던 배경이야말로 전원일기였다. 나는 그 속에서 새순처럼 여린 나날도 보냈고, 찬 서리를 맞은 듯 예기치 않은 좌절에 냉가슴을 쓸기도 했다. 열정과 객기를 구분하는 일은 헷갈리기만 했고, 닫아걸었던 마음의 출구를 찾지 못해 갇혀 있던 날도 있었다. 내가 기쁨에 겨울 때도, 뭔가가 못마땅할 때도 가족들이 늘 곁에 있었음을, 요 며칠 이 드라마를 보며 새삼 인정하게 된다. 몇 편 봤는데, 시골에서 이뤄지는 집집의 사정을 통해 매회 소재도 잘 잡아냈다. 결국은 모두 사람 사는 모습이고 인생의 해답 역시 삶 속에 있다.

어른 아이 막론하고 소 멍에 같은 마스크를 쓴 채 만남을 자제하며 통제당하는 요즘, 오래전 끝나버린 이 드라마를 넋 나간 듯 응시할 줄 누가 알았겠는가. 가끔 볼 것만 선택해 다시 보기로 티브이를 보는 나조차도 상상 못 한 일이다.

집이나 방 구조에 자꾸 눈이 가며 마음이 푸근해진다. 창호지 문살에 자꾸만 눈이 가는 건 어쩔 수 없다. 백열등 빛이 새어 나오는 방문을 슬며시 열고는 아늑한 단잠에 빠지고 싶다. 굴뚝에서 피어나는 연기, 방 안의 살림살이와 지금은 구경하기도 힘든 큼지막한 곡식 자루, 벽에 걸린 달력, 짚가리, 겨울 논으로 진입하는 손수레, 마루의 괘종시계, 봉당 옆에서 밥을 먹는 누렁이의 모습마저 여유롭다. 아, 저랬었지. 식구들은 으레 한 밥상에 모여 앉아야 했고 마을 일은 공동의 책임이었지.

몇 년간 코로나로 지친 마음이 슬금슬금 녹는다. 고향을 지키는 사람들이 고향을 다니러 온 사람에게 뭐 하나라도 들려 보내는 모습에서 감동까지 느낀다. 황톳길을 걸어 버스로 상경하는 예전 이웃에게 동네 분들은 이것저것 넘치도록 정을 담아 무거운 짐을 보탠다. 비슷한 일을 보고 자랐다는 생각에 화들짝 놀란다. 그리 오래된 얘기가 아니건만 까맣게 잊고 있었던 게 더욱 놀랍다. 화면 속에서처럼 나누고 돕고 챙기고 헤아리고 덮어주던 우리의 모습들이 '잘 보존되었으면 좋았을 텐데'라는 부질없는 생각이 드는 밤이다. 보고 있노라면 그 시절 일들이 되살아나면서 사람 간에 흐르던 정이 그리운 건가 보다.

전혀 생각지도 못한 중독이다. 하루를 마친 내가 그 시각에 방영되는 전원일기를 보겠다고 우선은 다리 뻗어 앉고야 만다.

젊은 오이

 오이 농사를 짓는 분에게서 끝물 오이를 얻었다는 친구는 제법 많은 양을 나눠줬다. 우리 두 식구가 먹기엔 많은 양이다. 사시사철 친숙한 채소지만 내일이라도 첫눈이 올 것만 같은 이 계절에 오이의 푸름이 상큼하면서도 생뚱맞다. 오랜만에 들른 막내 여동생에게 갈 때 오이 좀 가져다 해 먹으라고 했더니 "늙은 오이?" 하며 묻는다. 풋 오이라면 생각 있어도 행여나 늙은 오이면 내켜 하지 않는 속셈이 들여다보인다. 늙은 오이가 아님을 강조하려다 보니 "아니, 젊은 오이야."라고 말이 튀어나와 버리니 우습다. 엄마가 주는 늙은 오이를 안 먹는다며 극구 거절했을 게 뻔하다.
 여덟 살 차이가 나는 동생은 아직인가 보다. 하기는 나도 노각 맛을 알게 된 지 1, 2년 남짓밖에 안 된다. 모든 채소는 풋풋하고 싱싱한 맛으로 먹는 게 으뜸인 줄 알았다. 울타리에서 강낭콩이 야물어질 무렵이면, 덩굴 속 어딘가에 깊이 숨었던 팔뚝만 한 오이가 나신을 드러냈다. 이미 누렇게 변색이 시작된 그것은 가물에 논바닥 갈라질 때처럼 불규칙한 무늬를 만들어내며 고약하게 몸피를 키웠다. 상큼한 향이 시큼한 내음으로 변한 것도 애석하건만, 아삭거리던 껍질이 거북이 등가죽처럼 단단해지고 나면 아예 못 먹는 거로 여겼다. 씨를 발라내고 무치거나 볶아 내놔도 왠지 젓가락이 머물지 않던 반찬이건만 늦여름 그맘때쯤이면 몇 번은 상에 오르던 늙은 오이였다.

지난여름 엄마가 권하는 늙은 오이를 예전처럼 내칠 수 없었다. 키우던 소들도, 주인도 없어진 우사 옆에서 엄마는 시간을 보냈다. 아무에게도 매이지 않게 된 세월을 일구며 마음 가는 대로 씨를 뿌리고 모종을 심었다. 굳이 뭘 가꿔 먹는 것보다 보면서 소일하고 새들과 벌레들과 나누고 자식들 좀 쥐여줄 생각으로 호미를 들었다. 그중 제일이 아삭한 풋내가 비릿하게 혀끝을 감싸던 조선 오이였다. 소 키우던 곳이라 거름기가 있어서인지 제법 실해서 갈 때마다 몇 개씩 따와 더위에 지친 입맛을 의탁하곤 했다. 무더위, 태풍, 비바람 속에서도 무성한 생명력으로 열리더니, 시간의 물살이 한가롭지 못해서 어느 결에 늙은 오이만 주렁주렁 남았다. 사람 손길 드문 곳에서 가을이 어디쯤 오나 점이라도 치는 것처럼 신중해 보였다.

바람이 주는 위로와 햇볕이 속닥거리는 귀엣말을 알알이 씨앗으로 품은 채 늙어가는 오이가 엄마 같기도 하고 까칠해진 껍질이 어쩐지 내 모습하고도 비슷하다. 싱그러움과는 점점 멀어졌을망정 또 다른 무언가로 초연하고 단단해진다. 예전엔 미처 몰랐건만 늙은 오이에서 한 사람의 일생이 보인다.

시선이 멎는 밭둑에 덩다랗게 남은 누런 호박은 또 어떤가. 전에는 이런 것들을 보고 있노라면 어쩐지 소진된 느낌이었는데, 지금은 시간을 바쳐야만 비로소 얻을 수 있는 것들로 보인다.

사람 입맛도 변하는지 여태 모르던 노각의 진가를 뒤늦게나마 알게 되었다. 살짝 절여 무치니 풋 오이 저리가라. 뒤늦은 발견을 한 젓가락이 슬그머니 그리로만 향한다. 여덟 살 더 젊은 동생도 몇 년 후면 알 수 있을지 모르겠다. 풋 오이의 상큼함이 기특하지만, 새금새금한 늙은 오이에서 맡아지는 시간의 깊이를 우물거리다 보면 누군가로부터 다독임 받는 느낌을 그녀도 머지않아 알게 되리라. 애호박이 달기로서니 늙은 호박이 주는 넉넉한 감미로움과는 견줄 게 못 된다는 걸 말이다.

열매라는 열매는 모두 경이로워 보이는 요즘이다. 다부지게 씨앗을 품은 풀꽃만 보아도 감사한 마음이 든다. 문득 일년생

열매도 익을수록 깊어지는데, 하물며 사람이라면 어때야 할까 하는 걱정이 든다. 두려운 건 고집과 몽니를 어쩌지 못해 생기는 내 안의 굳은살이다. 얽히고설킨 삶의 넝쿨 속, 너른 마음으로 익어갈 수 있다면 더할 나위 없겠다.

퍼즐

　작년처럼 생각했다가 낭패다. 지난해 신발장 옆을 지키던 화초는 유리로 통하는 햇살 덕분인지 겨우내 꽃을 피웠다. 새봄이 올 때까지 몇 번을 피고 지기에 올해도 그러리라 여겼더니 줄기가 말개지며 얼고 말았다. 좀 더 세심히 신경 써야 했는데 서슬 퍼렇게 들이닥친 한파의 위력을 너무 얕잡았나 보다.
　평창에 사는 동안 겨울에 물을 얼려 몇 번 고생했다. 드라이기 바람을 몇 시간 쏘이기도 하고, 그래도 안 되면 업체를 불러 녹이기도 했다. 혹독한 대가를 경험한 덕분에 겨울 되면 밤에 물을 틀어놓는다. 눈이 제법 많이 온 아침, 날씨 핑계를 대고 모처럼 전화를 했는데 엄마는 응답이 없었다. 무슨 일이라도 있는 건가 하는 불안을 지워가며 아침을 여는 사이 전화가 왔다.

누누이 당부하던 대로 수도를 졸졸 틀어놓았는데 물이 안 나온 다는 것이다. 드라이기를 틀어놓고 있느라 벨 소리를 못 들었다 며, 개밥 주러 나갈 때만 해도 떨어지던 물이 들어오며 보니 멈 췄다니…. 눈과 함께 몰아닥친 기습 한파는 한순간에 내 머릿속 회로를 정지시켰다. 바깥 도로에서 눈 쓸던 남편에게 이르니 표 정이 어두워졌다. 눈도 쳐야 하고 장사 준비도 해야 하건만, 국 에 말아 한술 뜨고 친정으로 향하는 동안 엄마 얼굴이 계속 맴 돌았다. 눈도 쏟아지고 갑자기 추워진 날씨에 얼마나 놀랐을까. 빨리 가서 녹여봐야 하건만 그건 내 사정이다. 맞아떨어지지 않 는 신호를 달래가며 겨우겨우 시내를 벗어났다. 애타는 조바심 은 안중에도 없다는 듯 방지턱마저 곱게 보내주지 않는다. 세어 보진 않았지만 열 개는 넘을 것처럼 느껴졌다. 도착하니 엄마 얼굴이 시퍼렇다. 일찍 일어나시는 분이 몇 시간 감당했을 걱정 이 눈에 선하다. 물이 안 나오는 상황에서 느낀 황당함, 믿어지 지 않는 의구심, 난처함, 고생하는 사람에게 미안함으로 뒤범벅 되던 감정을 나는 너무 잘 알았다. 남편이 욕실에서 수도꼭지와 실랑이하는 사이 챙겨온 것을 엄마에게 내밀었다.

　코로나는 일 년 넘는 세월 동안 모두를 조종했다. 만남을 포 기하고 설렘을 반납하고 배움도 잠시 멈췄건만, 먹구름 같은 우 울만 잔뜩 짊어져야 했다. 가족 간 만남이 전염 원인이 된다니,

연말이 되고 해가 바뀌어도 모일 생각을 못 했다. 혼자 계신 엄마에게 전화할 때마다 마스크 얘기로 시작해 외출하지 말라는 소리로 끝맺음을 했으니 안 그래도 감옥신세인 처지가 얼마나 답답했을까. 가슴 확 트이게 바람이라도 쐬러 가고 싶지만 그러지도 못하니 더 애가 탔다. 그토록 좋아하던 경로당 노래 교실도 문 닫고, 전국노래자랑을 일 년 넘게 못 보는 상황에 말할 상대가 없는 엄마의 고립감이 염려되었다. 좋아하지도 않는 화투로 갑오 떼기를 해가며 시간을 삭이는 엄마를 생각하다가 온라인으로 퍼즐을 주문했던 참이다. 화투패 똥광과 오만원권 문양을 골랐다. 조각이 몇 개 되지 않아 누워서 식은 죽 먹기면 어쩌나 걱정을 하며 엄마께 보이니 새로운 장난감을 대하는 어린애처럼 좋아하셨다. 그동안 적적함에 얼마나 잠식되었는지 알 수 있었다. 언 수도를 녹이느라 낑낑대는 사람을 놔두고 똥광 퍼즐을 엎어놓고는 조각을 맞춰보라고 했다. 일에 이골이 난 손마디로 종잇조각을 집어 엉성하게 맞춰보는 엄마의 얼굴에 금세 온기가 번졌다. 물이야 시간 되면 녹지 않겠냐며 오동잎 맞추느라 골똘해 한다. 서른여섯의 조각이 너무 쉬울 거라는 내 생각은 오산이었다. 알쏭달쏭하다며 엄마가 재미있어 하니까 좋아지던 내 기분은, 더디게 맞춰가며 엉뚱한 조합을 만들어내는 손놀림에 이내 서늘해졌다. 내가 알던 엄마의 또렷함과 민첩함은 다 어디로 달아난 걸까. 그래도 다행이다. 엄마 두뇌 쓰라고 사준 뜻을 알고는 고마워하고 즐거워하시니….

내친김에 꽃 좋아하는 엄마가 매화를 칠하고 모란을 덧칠하며 아름다움을 완성해보길 바라면서 민화 그림책과 색연필을 주문해 갖다 드렸다. 딸이 이제는 그림 공부까지 시킨다며 연필을 잡으셨다.

봄방학 중 어느 장날, 엄마를 기다리는 마음은 근질거렸고 눈은 자꾸 동네 어귀로 향했다. 저 멀리 보이는 묵직한 보따리에는 우리 형제 신학기 용품이 들어있었다. 공책, 연필, 필통, 지우개, 스케치북, 크레파스, 종합장, 색연필 등등. 빳빳하던 종이의 질감과 지우개의 고무 냄새가 주던 미묘한 충만감이 아직도 또렷하다. 엄마도 그와 비슷한 설렘을 느끼시는 것 같다. 그림에 자신이 없다더니 표본을 보고 곧잘 색칠해 놓으셨다.

전 세계인에게 힘든 이 시절, 인생을 퍼즐로 친다면 가장 알쏭달쏭한 시기가 바로 이 코로나 상황이 아닐까. 장기간 불안과 피로감에 머물러 있는 사람들의 정서가 가장 문제다. 방역 수칙 준수 말고는 딱히 하릴없이 무력하지만, 역설적으로 삶을 촘촘히 보듬을 수 있는 시간이 요즘이다. 퍼즐은 쉽지 않아 보여도 포기만 안 하면 반드시 완성의 순간이 온다. 어색하긴 해도 꾸준히 희망을 색칠하면서 '현재'라는 퍼즐 조각을 이리저리 매만지는 중이다.

(2021년 문학시대 봄호)

해맞이처럼

　시간의 속도를 더디게 자각하는 것일까. 적응이 둔한 건지도 모르겠다. 한 해를 보낼 준비가 난 아직 덜 되었는데, 아니 솔직히 말하면 보내주기도 싫은데, 새로운 해가 손님처럼 찾아온다고 했다. 언제부턴가 새해 첫날이면 많은 사람이 해를 보겠다고 모이곤 한다. 한두 번 분위기에 휩쓸려 다녀온 적은 있으나 오랫동안 잊고 있었다.
　무슨 맘에서인지 금년에는 어디라도 좋으니 불쑥 솟아오르는 해를 보고 싶은 마음이 들었다. 어디로 갈까 하는 고민이나 갈등은 오래 하면 할수록 결정이 더디다. 마음이 향하는 곳, 마음에 스쳤던 그곳을 택하면 적어도 후회는 하지 않는다. 강원도의 최북단 고성에서 해맞이를 하기로 하고 하루 전에 도착해 통일

전망대를 찾았다. 국토의 상반신이 바로 코앞인데 이토록 오랜 단절을 예상이나 했던가. 사시사철 푸른 바다는 말을 아끼건만, 금방이라도 닿을 법한 개골산만은 '나 여기 있다'라고 목청껏 부르는 것만 같다. 손짓이라도 하는 듯 붉은 깃발 펄럭이는 바람은 무심도 하다. 망원경 속 요지경, 지척임에도 천 리다. 생생한 참상만이 흑백의 흔적으로 남은 이 시각 크지도 않은 나라 한반도는 여전히 동상이몽 중이다. 바람 끝이 매서운 날이다.

거진등대공원을 찾았다. 성급한 밤이 야속도 했지만 구릉 위 등대가 두 배로 듬직해 보이는 건 그 이유 때문이다. 휘영청 둥근달이 오늘따라 후덕한 모습이다. 내일 밤엔 보름달이 뜰 거고 내일 새벽이면 무술년 첫해가 떠오를 것이다. 우주의 그 끊임없고 빈틈없는 순환 중 어느 한 지점이 때에 따라 사람들에게 엄청난 관심거리가 된다는 사실을 매일 뜨고 지는 해와 달은 혹시라도 알고 있으려나. 조용하던 겨울 바닷가에 차량과 사람들이 몰려오고 들뜸의 호황으로 저잣거리가 흥성거린다는 사실을 말이다.

짧지 않은 세월을 간직한 항구 앞 숙소에서 눈을 떴을 무렵, 창밖에 웅성거리는 소리가 들렸다. 아쉬움 많은 어둠 탓인지 아침은 아주 서서히 오고 있었다. 세월 가는 게 쏘아버린 화살 같다던 사람들은 그러면서도 시간을 마중 나와 무술년을 밝히는 새 해가 어서 떠오르기를 기다린다. 최면에라도 걸린 듯 귀가 떨어져 나갈 법한 시린 기온을 상쾌함으로 인식한다. 오색 풍선과 함께 추위를 녹일 어묵도 주고 따스한 커피와 차도 나눠주는 주민들의 수고가 감사하다. 모래도 어제의 것, 바다도 어제와 같은 바다일 텐데 물결 소리는 숙연함을 안기며 가슴에 차오른다. 낯모르는 이 수많은 군중 속에서 잠시 생각한다. 어제와 오늘 지난해와 새해라는 구분 앞에서 저 물살처럼 담대할 수 있을까.

고통인 듯 희망이기도 한 것이 우리네 삶인 것처럼 잿빛 하늘 저 멀리 구름의 움직임이 느껴지고 서서히 번지는 미세한 주황빛이 감지된다. 기다리는 것은 쉽게 오지만은 않는다는 듯이 말이다.

희망이란 것이 원래 그런 게 아니었던가. 간절하다 보면 어느새 눈앞에 와 있고, 꼬집어 분명치는 않으나 서서히 어둠과의 경계가 희미해지는 것이다. 다홍빛으로 주변을 물들이는가 싶더니 초읽기 소리에 맞춰 불쑥 모습을 드러낸다. 긴 시간 달구어진 불덩이인 듯, 단련 받은 완성품인 듯 뜨거운 환호를 받으며 2018년 첫 번째 해는 서서히 곁으로 와 주었다. 천지를 밝히겠노라는 장엄한 환희가 밀물처럼 몰려왔고, 뭇사람 차별하지 않는 그 공평함에 울컥 미끄덩한 무언가 함께 솟아올랐다. 두 글자로 그것은 감동이었다.

　새해의 소원이라고 거창하지도 않으며 그럴 것까지도 없다. 하루하루가 늘 그렇듯 식지 않는 희망을 유지할 수 있길 소망해 본다. 일상 속 작은 감동이 모여 속속들이 온기 스미는 세상이 되었으면 한다. 이심전심인가. 영하의 기온을 뚫은 태양의 기운이 마음 자락을 쓰다듬고 있었다.

5.
나비의 겨울밤

엄마와 시간을

 남보다 지독하게 사춘기를 치른 편이다. 엄마가 늘 내 편이 될 수 없었던 건 그래서였을까. 책을 보면 불 꼭 끄고 자라는 지청구에, 겨울날 옷을 좀 차려입으면 멋 부리다 얼어 죽는다고 혼을 냈다. 심지어 졸업식 날 짜장면을 사주는 대신 허름한 식당으로 데리고 가 칼국수를 시켜주던 엄마다. 친엄마가 따로 있을지 모른다고 상상할 정도로 내 속을 헤아려주지 않았다. 사사건건 어긋나던 모녀간엔 닮은 구석이 지지리도 없었다. 엄마처럼 살고 싶은 마음은 없었다. 식솔까지 많은데 눈 뜨면 시작되는 표 나지 않는 일들이 사시사철 한 여자의 삶을 저당잡고 있었다.
 내 나이를 스친 게 엊그제만 같은 엄마는 휑한 집에 소품처럼 덩그마니 홀로 남았다. 그리될 수 있다는 사실을 왜 몰랐을까. 엄마도 혹시 그랬을까. 엄마가 쓸쓸해지리란 생각을 바보처럼 나는 해본 적이 없다. 아버지를 갑자기 보내드리고 정신을 차려보니 무언가 엄마를 에워싸려고 넘보는 듯했다. 서늘한 회색 그림자가 너울댈수록 오히려 그와 어울리지 못하는 엄마는 부각되어 보였다. 마음의 준비도 없던 우리는 독거노인이란 말을 밀어낼 아무런 힘도 갖지 못했다. 임종도 못 지킨 아버지의 수목장을 치를 때서야 엄마에게 잘하겠다며 속울음을 곱씹었다. 너무 늦어버린 약속인데도 아버지는 '그래.' 하며 고개를 끄덕이시는 것 같았다. 친정집 문밖만 나서면 눈길이 저절로 아버지 계신 곳에 꽂혔다. 한참을 쭈그려 앉아 응시하다 보면 이심전심 되살아나는 부정(父情)이 칠흑 속에서 더욱 또렷해졌다.

　천지에 물이 올라 꽃이 흐드러지건만 시절 느낄 겨를이 없었다. 날이 궂으면 궂어서, 볕이 좋으면 좋아서 혼자 된 엄마가 눈에 밟혔다. 수백 리 달려온 문소리에도 기척 없이 모로 누운 윤곽에 가슴이 덜컥했고, 돌아설 때면 마음이 편치 않았다. 내가 가장 먼저 할 일은 혼자 있는 엄마의 시간을 축내는 일이었다. 가까운데 여기저길 모시고 다녔다. 어느 날 서울 갔다 오면서 엄마에게 전화를 걸어 청주에 가자고 했다. 그동안 바람 쐬러 가는 것도 여의치 않았기에 두 딸과 사위, 외손주들 보면 조금은 위로가 될 것 같았다. 준비하고 있으라는 뜬금없는 말에 좋다는 말을 안 하는 대신에 싫다는 내색도 하지 않았다.

 만류하는 동생들과 적당한 내 잣대를 무참히 잘라버리고 엄마가 필사적으로 한 일은 정육점에 가 한 집에 하나씩 고기 뭉텅이를 끊어주는 거였다. 한평생 절약이 우선이던 쓰임새가 충동적으로 보였고 과한 고기의 양에 한순간 엄마가 흔들려 보였다. "동생 가게가 시장통이라 언제든지 먹고 싶을 때 사다 먹을 수 있다."는 내 말에 기어이 눈을 흘겼다. 좋은 의도로 모시고 와선 또 신경전을 벌이고 말았다. 나중에야 알았는데, 농사일과 우사 건사, 아버지 진지 걱정으로 나들이가 마땅찮던 엄마는 언젠가 딸네 집에 놀러 가 그렇게 해보는 게 소원이셨다. 얄궂게도 반백년 같이 한 짝을 잃은 후에야 엄마의 버킷리스트 중 하나가 이뤄진 것이다.

 허무하게 아버지를 보냈기에 같은 후회를 반복할까 봐 두렵다. 전보다 자주 엄마의 시간에 끼어들면서 여전히 좌충우돌한다. 간혹 서운할 때도 있지만 나쁘진 않다. 요즘에서야 엄마의 모습이 선명히 보인다. 내 버릇 중 어느 하나가 엄마와 지극히 일치하는 걸 얼마 전 눈앞에서 확인했다. 모시고 간 면사무소를 나서던 걸음이 멈추더니, 고장 소식을 비롯한 여러 간행물 앞에서 요것조것 한 부씩 챙기고 있었다. 어떤 인쇄물이 아직 비치

되지 않았다며 문을 나서는 엄마의 그런 점을 빼 박았던 걸 여태 모르고 있었다. 엄마도 틀림없이 활자 중독이었다. 하긴 수십 년을 일기처럼 무언가 끄적이며 기록하지 않았던가. 그에 비하면 내 글쓰기 게으름은 얼마나 염치없고 핑계는 하찮은가.

엄마와 자주 가는 음식점이 있다. 항상 복작대는 곳이라 먹고 나면 후딱 자리를 비워줘야 한다. 집에 밥 두고 헛돈 쓴다는 엄마에게 어쩌다 별식도 괜찮다며 나서는데, 같은 메뉴를 파는 바로 옆 가게는 여전히 썰렁했다. 웬일로 다음번에 들를 곳을 먼저 청하신다. "다음부턴 우리 이 집 와서 먹자. 장사 안 되는 집 걸 더 팔아줘야지." 하나를 사더라도 일부러 재래시장 가서 노인들 걸 갈아준다는 말에 어쩐지 허를 찔린 느낌이다. 많이 배우지 못한 엄마는 두루두루 잘사는 상생을 헤아리건만, 그들의 시름을 훤히 알면서도 붐비는 곳을 비집었으니….

느슨한 필체로 써 내려간 엄마의 노트를 들추며 연륜에서 풍기는 곰삭은 지혜를 이제야 이해할 수 있다. 간난(艱難)의 세월, 어쩌면 볼펜 한 자루가 엄마의 삶을 지탱해주지 않았을까. 며칠 새 어떤 사연이 살포시 쓰였는지 조만간 그 이야기를 들으러 다녀와야겠다. 모녀가 주고받는 질박한 시간은 분명 축복이다.

(2020년 한국수필 6월호)

자발적 구속

 몇 년은 족히 되었을 텐데 그 순간의 충격이 어제인 듯 생생하다. 눈앞에서 벌어진 그 일이 아직도 이따금 나를 움츠리게 한다. 그럴 때 어떻게 받아들이고 어찌 다뤄야 하는지, 툭툭 털어 버려야 함을 알면서도, 주로 내 마음이 고르지 못할 때면 그 기억이 먹구름으로 몰려올 때가 있다.
 멋쟁이 그분을 처음 보았을 때부터 호감이 갔다. 열심이었다. 여기저기 바빠 보였다. 문학 행사에 다녀오고 시 낭송회에, 그에게서 발산되는 에너지가 부러웠고 보기 좋았고 마주치면 이유 없이 즐거웠다.
 못 볼 걸 본 걸까? 정면에서 거절당하는 상황을 눈앞에서 보고 말았다. 동네 분들 몇몇 모인 자리에 안면 있던 그녀가 인사를 하더니 합석의 허락을 구했다. 응낙에 대한 감사로 시를 한 수 읊겠노라고 자청했다. 아직 들어볼 기회가 없었던 나는 그 자리에서 낭송을 하겠다는 그분 말씀에 웬 횡잰가 싶어 솔깃했다. 혼자 치는 손뼉 소리가 몰고 올 적요를 미처 예측하지 못한 결과는 무참했지만 그래도 거기까진 괜찮았다. 박수야 뭐 한 박자 늦을 수도 있는 거고, 성미 급한 내가 빨리 쳤을 수도 있고, 낭송이 끝난 후 터질 수도 있으니까….

오오, 이런 일이 있을 수가 있을까? "제가 시 한 수 읊을까요?" 하는 친절한 그녀 말에 "아니에요. 됐어요."라는 거절이 뒤따르리라곤 생각도 못 했다. 무자비하도록 정확한 음성이었다. 잠시 잠깐 어색한 분위기가 되었던 것도 같고, 아무렇지 않은 듯 시계를 보았던 것도 같고, 다만 분명한 건 매우 당혹스러웠다. 믿었던 이에게 걷어차인 기분도 들었다. 일시 멈춘 듯한 그 장면이 하도 또렷해 그 뒤 그분들이 어떻게 헤어졌는지는 도통 기억에 없다.

한동안은 덩달아 의기소침해지던 그 순간이 가끔 떠오르는데, 이만저만한 고민이 아니다. 문학을 한다는 건 그렇지 않은 사람, 좀 더 구체적으로 말하면 조금도 관심 없는 사람들에게 이상해 보이는 걸까? 밥이 되지도 않는 글을 좋아한다는 건 다른 사람이 보기엔 바보 같은 일일까? 4차 혁명 시대에 적응하지 못하는, 덜 떨어진 고문관쯤으로 여겨지는 걸까? 아니면 혹시라도 그분이 자아도취에 빠져 보였던 걸까? 잘난 척으로 보여 눈꼴이 셨던 걸까?

그 뒤로 멋쟁이 그분은 어디로 갔는지 얼굴을 볼 수가 없다. 그녀의 호의를 거부했던 무리 중 한 분을 한참 후 다시 만났다. 뜻밖에도 오래전 일이 되어버린 그날 일을 언급했다. 문학이나 시 낭송과는 취향이 확연히 다른 그분들이 거절한 좀 더 명확한 실체는 '사람'이었다. 그동안 나 자신도 함께 내던져진 기분도 들었지만, 한 분 한 분 모두 좋으신 분이다. 그분들이라고 마음 한 자리 애틋한 뭔가가 왜 없겠는가.

전에는 해본 적 없는 우려를 하게 된다. 매몰찬 대중의 외면에는 눈을 감은 채 '우리들만의 리그'에서 박수 치고 추켜세우는 장단에 익숙한 건 아닌지 하는 생각도 든다. 글을 쓴답시고 남의 눈에 이상하게 보이는 일은 없는지, 글 쓰는 사람이라고 더 엄격한 잣대를 들이대는 사람도 있음이 두렵다. 사람마다 추구하는 것이 다르기에 내가 좋아한다고 남도 좋아해 주길 바라는 건 어불성설이지만 그날 목격한 단호한 거부가 준 통증은 가끔 잊을만하면 한 번씩 고질병처럼 도지곤 한다.

재활용품을 내놓던 어느 날, 종이류 버리는 곳 앞에 낯익은 책 표지가 눈에 띄었다. 출간된 지 얼마 되지도 않았기에 더욱 그랬다. 그 작가는 내가 아는 분이었는데 증정 서명이 되어 있어서 버린 사람 이름을 알 수 있었다. 아무리 공들인 글이라도 모두에게 적용되는 건 아니지만, 속표지에 정성스레 적혀있는 이름의 주인에게 대놓고 서운했다. 읽을거리가 쌔고 쌔 넘쳐나는 세상이니 취할 건 취하고 버릴 건 버리는 것도 용기겠지만 하염없이 서러웠다. 글쓴이의 내면이 송두리째 버려진 것 같은 스산한 기분에 그 책을 집어 오며 마음이 울적했다.

문장부호 하나에 호흡을 가다듬고 책 속 한 구절에 공감하며 고개를 끄덕이는 일, 타인의 생각을 빌어서 세상을 달리 보는 경험은 신비롭지만 누군가에겐 종이상자와 섞여 버려질 쓰레기에 불과한 것이다. 시를 읽어준다는데도, 책을 보내줘도 달가워하지 않는 세상에서 내가 설 자리는 옹색하고 비좁다.

읽히지도 않는 글을 쓰느라 애쓰는 대부분의 사람들은 읽거나 쓰는 일이 일종의 구속이라는 걸 안다. 글의 감옥이 안온할 리는 없지만, 그렇다고 거기서의 탈출을 필사적으로 꾀하지도 않는다. 구속받기 싫으면서도 구속을 수긍하는, 고독한 존재임은 분명하다.

(2022년 문학시대 가을호)

첫 손님

공사는 계획대로 되지 않았다. 언제까지는 되고도 남는다고 철석같이 말했던 사람이었다. 맨 처음 약속했던 날짜는 불쑥불쑥 다가오건만 그를 필요로 하는 현장이 워낙 많았고 우리 일보다는 그곳이 더 급하다고 했다. 타들어 가는 마음과는 반대로 일에 치여 허덕이는 그 앞에 서면 못마땅한 내색이 드러날까 오히려 조심스러웠다. 밤에 돌아와 둘러볼 때마다 진전은커녕 아무 변화도 없을 때마다 야속한 마음에 기운만 빠졌다. 뚝딱뚝딱 점포를 뜯어낸 채 오래도록 방치된 공간은 흉물스러웠고, 밖으로 내놓은 폐기물들은 연륜 있는 이 골목의 민폐가 되어가고 있었다. 애당초 계획했던 날이 코앞에 닥쳐서야 나타난 그는 밤늦도록 바짝 매달렸지만 날짜를 맞추지 못했다. 덕분에 도시가

스 사용허가가 늦어질 수밖에 없었다. 화요일 예정이었던 개업은 토요일로 미뤄졌다.

　예정일을 알고 있던 오랜 지인은 축하한다며 생각지도 않게 시루떡을 보내주셨다. 개업은 늦어졌지만 근처 상가에라도 떡을 돌려야 하는 순간이었다. 온기가 고스란히 전해지는 찹쌀 시루떡을 막 꺼내는 순간 어르신 한 분이 우리 문 앞을 지나치셨다. 메뉴판에 머무는 눈빛이 지나치게 신중하다 싶었다.

　금요일, 이것저것 정리하느라 시간도 심경도 어수선했다. 문이 열리는가 싶더니 그 어르신 내외가 오셨다. 며칠 전 떡을 잘 먹었다며 일부러 찾아오셨다고 했다. 참으로 감사한 순간이었다. "이런 멸국 집이 생겨서 좋다."며 마지막 국물을 달게 잡수시고는 낙지볶음에 대해 묻는 할아버지에게 할머니가 "이도 성치 않으면서 식탐은…." 하시며 밉지 않은 눈총을 주었다. 포항에서 해병대로 근무해선지 해산물이라면 이것저것 가리지 않고 모두 드시고 싶다는 거였다. 정말로 그리운 건 해물이 아니라 눈 감고도 선명한, 비릿하니 푸릇한 젊은 날이 아닐까. 올해 94세라는 나의 첫 손님은 다음번엔 꼭 낙지볶음을 먹고야 말 거라며, 우리 앞에서 다짐을 하고는 손을 꼭 잡고 돌아가셨다. 가는 모습이 어찌나 아름다운지 한참을 지켜보아야 했다. 노부부의 지팡이는 어느 집 담 밖으로 비어져 나온 구절초 앞에서 오래도록 머무르는 듯했다.

　경험 없이 시작한 새로운 일은 내게 쉴 틈을 허락하지 않았다. 장딴지보다 굵은 무를 씻을 때면 누군가 숨어서 내 손놀림을 흉보는 것 같았다. 이리저리 돌릴 때마다 무지막지 튼실한 뿌리는 매질이라도 하듯이 요령 없는 내 손가락을 후려쳤다. 지금까지 부엌에 머무는 시간이 그리 많지도 않았고 그곳을 좋아하는 편도 아니었다. 거기서 이루어내야 하는 모든 일에 서툴기만 한 나였기에 남의 부엌에서도 제 살림인 양 척척 해내는 사람을 보면 그 능력이 참 커보이곤 했었다. 이런 내 마음을 아는지 모르는지 내 가게의 문을 밀고 들어서는 사람들이 있었다. 그깟 무 때문에 손가락을 쥐어 싸고, 찰랑찰랑한 냄비를 들고 엎지를까 봐 전전긍긍하는데 고마운 손님이 하나둘 문지방을 넘어섰다.

　그날따라 손님이 몰렸다. 갑자기 닥친 상황에 머릿속이 하얘졌다. 내 행동이 방향을 잃은 듯 꼬일락 말락 하는데 드르륵 문이 열렸다. 모자를 눌러썼지만 첫 손님으로 오셨던 할머니임을 알아보았다. 할아버지 드시게 낙지볶음을 포장해 달라는 주문에 웃음이 번졌다. 한참을 기다려야 했던 할머니는 "손님이 많으니 그래도 기분은 좋다."며 지팡이를 들었다.

　손을 꼭 잡고 걸어오시는 두 분을 만나면 을씨년스러운 골목이 마법처럼 순식간에 그림 한 점으로 변한다. 나에게 찾아온 행운으로 여겨지는 날이다. 어쩌면 늘 그렇게 손을 잡고 다니시냐고 여쭈니 할머니가 다리 아파서 손을 잡아줘야만 한다고 말씀하셨다. 목욕탕 가는 길이라며 손을 흔드신다.

내가 사는 골목엔 지워지지 않는 발자국이 있다. 그 사람보다 빠르지 않게, 그 사람을 기다려 주는, 닿을 수 있는 거리에서 늘 잡아주는 나의 첫 손님이 새겨놓는 다짐의 흔적이다. 아흔네 살 첫 손님은 푸른 바다를 그리워하는 이 동네 사랑꾼이다.

앞으로 살아가면서 내가 누군가의 첫 번째 손님이 될 가능성에 대해서도 생각해본다. 내 모습에서 표 안 나게 응원하는 메시지를, 무언가 새로 시작하는 누군가가 읽을 수 있길 그려본다.

*멀국: 국물의 방언

(2020년 문학시대 신년호)

나비의 겨울 밤

　여동생들은 한 주 전에 친정집에 다녀갔기에 명절에 올 사람은 남동생뿐이었다. 이번 설에는 나도 가게 문을 열기로 했기에 남동생과는 전화로만 인사를 했다. 며칠 후 아버지 제사 때나 얼굴 보자고 하니 동생은 하필 그날 일본 출장이 잡히는 바람에 제사에 참석을 못 한다고 했다. 모두 모이면 웃을 일이 많아 창밖으로 새 나가는 고성이 걱정될 때도 있지만 그래봐야 일 년에 형제들 모두 모일 수 있는 날은 손으로 꼽을 정도다. 이번엔 아들 없는 제사상을 올려야겠지만, 다행이라면 네 명의 사위들이 모두 참석해 그럭저럭 서운하지 않은 훈훈한 저녁이 될 것이다.
　친정에 도착하니 엄마는 소쿠리 한가득 전을 부쳐 논 상태였고 천천히 나물을 무치고 메와 탕국 정도만 끓이면 되었다. 한창 달려오고 있을 동생들에게 어디쯤 오나 하고 전화를 하며 밥 안칠 시간을 예상했다. 얼마쯤 지났을까. 홍천 거의 다 왔는데 앞에서 사고가 났는지 차가 꼼짝 못 한다고 했다. 차가 전혀 안 움직이는 데다 배까지 고프다는 얘기였다. 점심들도 안 먹고 출발했을 텐데 거의 다 와서 정체라니…, 집에서 기다리는 마음보다는 길에 갇힌 심정이 몇 배로 타들었으리라. 아무리 강원도라지만 요 며칠 뻔질나게 내렸던 눈이다.

 들어서자마자 허겁지겁 요기 하고 모두 손을 보탰다. 제사는 조상을 기리는 날이기도 하지만 한자리에 모인 가족 모두에게 새삼 감사함을 되새기게 되는 날이다. 정성껏 장만한 제수로 차려지는 상차림은 매만지는 손길, 담아 올리는 마음, 주고받는 동작 하나하나에 믿음이 스며있다. 어디에 있더라도 각자의 삶에서 최선을 다하지만 뿌리는 하나라는 사실을 다시 확인하게 된다. 살아가는 데 더없는 힘이 되기도 하는 그 안심 도장이 마음을 든든하게 만든다. 풀리지 않던 매듭도 헐거워지는 것 같고 굳어 있던 근육도 말랑해진다. 아들이 참석 못 해 썰렁할 수도 있는 오늘 같은 날, 딸 사위 모두 모여 오순도순할 수 있으니 자식을 많이 두셔서 다행이라는 생각도 든다. 한편 이런 형태의 가족 모임은 우리 세대까지나 있을 것 같은 생각이 상실감을 안긴다. 끈끈한 정서적 유대가 이어지기엔 지나치리만큼 가족 구성원이 단출하다. 가정을 책임지는 것도, 자식을 낳는 것도 기피하는 현상이 가정 문화를 단절시킨다.

간단히 음복을 끝낸 후 사위들은 사위들끼리 안방에다, 딸들은 딸들끼리 거실에 자리를 펴고 둘러앉았다. 담소와 함께 일상의 이런저런 일을 나누기엔 심심풀이 고스톱만 한 것도 없다. 같은 시대를 사는 고민과 생각지도 못했던 해결 방법이 판 위에서 헤쳐졌다가 사라지고, 각자의 생업과 아이들 이야기가 진한 웃음으로 버무려지기도 한다. 연신 떠들면서도 손으로는 패를 쥐었다가 눈치껏 내려놓고 때로는 광을 팔기도 한다. 틈틈이 주전부리를 하느라 밤이 깊어가는 줄도 몰랐다. 집안에 불땀 좋은 화로라도 들여놓은 것처럼 화기애애한 훈기는 좀처럼 식지 않았다.

한순간이었다. 저마다 눈을 비비고 한 곳을 뚫어져라 응시했다. 언제부터 저 자리에 있었던 걸까. 장식장 위에서 우리를 내려다보는 것은 분명 살아있는 생명체였다. 열여덟 개의 눈동자가 넋을 잃고 한참을 올려보았다. 아직은 눈이 쌓여 미끄러운 정월인데 고즈넉이 내려다보는 자태는 분명 나비였다. 검은색 정교한 테두리에 상앗빛 추상적 무늬를 데칼코마니로 펼치고 있는 호랑나비였다. 삼월도 아니건만 어떻게 날아왔으며 언제부터 그곳에 있었던 건지 누구도 알 수 없었다. "가신 지 오 년 만에 만나러 오신 걸까?" 하는 생각이 절로 드는 건 나뿐만이 아니었으리라. 아직은 봄바람도 꽃향기도 없는 수묵의 계절, 아버지가 찾아든 꽃은 그리운 가족들이었을까. 묘한 감격보다 앞서는 반가움에 뭉클했다.

　꿈에서라도 한 번 찾아 주시지 않으셨는데 감사한 마음이 컸다. 아버지도 우리가 잘들 지내고들 있는지 궁금하셨나 보다. 어쩌면 흐뭇해하셨을 듯도 하다. 그렇게 오래도록 우린 아버지와 교감했다. 보이지 않는다고 해서 사라진 게 아닌 것처럼 생과 사의 경계는 숨결처럼 미미할 뿐이다. 서로 깃을 맞댄 새들처럼 오순도순 정다운 모습을 보여드릴 수 있어서 참 다행스러웠다. 창밖은 온통 먹물에 잠긴 듯 검었지만 마음 언저리 등불을 달인 듯 환해졌다. 나비가 오래도록 그 자리에 머물렀던 겨울밤이었다.

(2024년 월간문학 7월호)

기쁘지 않은 명절

유례없이 긴 연휴지만 무작정 좋아할 수는 없는 처지다. 달력의 빨간날과 상관없이 급여가 나오는 직장에서는 환호가, 그렇지 않은 직종에서는 한숨이 길어진다. 자영업자들이 느끼는 체감 경기 역시 냉랭하기만 한데, 대체 공휴일로 지정되어도 다 같이 누릴 수 없으니 날이 갈수록 불평등만 심화되는 느낌이다. 우리나라 구성원 중 열흘 가까이 쉬어도 지장 없는 사람은 어느 정도일까? 언제쯤이면 국민 모두가 대체휴일을 즐길 수 있을까 하는 생각도 들었다.

금년 추석엔 평소와 다른 점이 눈에 띄었다. 연초부터 해외여행 예약률이 높았다고는 했지만, 실로 엄청난 인파가 나라를 빠져나갔다. 여러모로 생각을 해봐도 '명절'은 더 이상 과거의 의

미가 아니라는 생각이다. 자주 못 만나던 친지들이 모여 정을 나누던 자리였는데 지금은 꼭 그렇지만은 않다. 잘 사는 나라라고는 하지만 살기는 점점 힘들어지는 대한민국에 적응하느라 촉수가 날카로워진 까닭이다. 이를 반증이라도 하는 듯 생소한 현수막 글귀를 다 보았다. 젊은 세대에 부담 주는 취업이나 결혼 문제를 묻지 말자는 내용이었다. 과거엔 그런 질문이 모두 정이었고 관심이었건만 같은 말인데도 지금은 그렇지 않으니, 내가 탄 배는 지금 어디로 향하는 걸까.

　나는 이번에 새로운 모습을 보았고 아직도 그 충격이 가시지 않은 상태이다. 차례를 지내고 나선 길 고속도로는 꽉 막힌 정체상태였다. 빨갛게 표시된 구간은 점점 늘어가고 도착 예정 시간은 점점 늦어만 갔다. 늦지 않게 전주에 도착해 구경하려던 계획은 그야말로 꿈에 지나지 않았다. 휴게소에 들어서는 길도 만만치 않았다. 그래선지 길옆으로 간간이 몇 대의 차가 세워진 모습이 보였다. 그때까지만 해도 운전자들이 잠시 쉬거나 스트레칭을 위해서일 거라 여겼는데 그게 아니었다. 반려견의 용변을 위해서 차를 세운 것이었다. 아이를 데리고 차를 타고 가다가 급하다고 하면 쉬를 누이는 부모의 모습처럼 보이지만 익숙하지 않은 풍경이었다. 휴게소에 도착하니 화장실이고 매점이고 나라비로 줄을 섰고 물건들은 동 나 버렸다. 밀집된 인파 속에서 갓난아기 다루듯 강아지를 안고 있는 젊은 남녀들이 유난히 눈에 많이 띄었다.

몇 년 전까지는 그래도 보았던 것 같다. 휴게소에 들르면 아이들 데리고 화장실을 가거나 요깃거릴 사는 부모의 모습을 말이다. 어느새 그런 모습은 옛 풍경이 되어 있었고, 차 트렁크에는 애지중지하는 강아지 살림살이가 한가득이었다.

여러 가지 생각을 해보았다. 지금의 이삼십 대는 형제가 한 명이거나 홀로 자랐을 확률이 높다. 외로움은 현대인의 고질병이라지만 90년대 이후의 세대들은 선천적으로 갖고 태어난 불치병이다. 혼자 자란 세대인 그들 품에는 저마다 장거리 탑승에 얼떨떨한 강아지가 안겨져 있었는데, 이상하게 그 모습이 안돼 보였다.

앞서 보았던, 이번 명절엔 젊은이들에게 부담 주는 얘기를 삼가자는 현수막도 그렇고 분신과도 같은 반려견과 길고 긴 연휴를 함께하는 그들의 마음에 동정이 감을 어쩔 수 없었다. 가족과 친지가 모여 즐거워야 할 만남의 장에서 사람에게 털어놓고 사람과 이야기를 나누고 사람을 사랑하면 좋을 텐데, 반려견만 껴안고 애지중지하는 모습이 안타까웠다. 그토록 예쁜 강아지를 만지며 노는 아이들은 보이질 않으니 문제가 심각하게 인식되었다. 도로 곳곳이 차량으로 미어터졌지만 오히려 사람들은 쓸쓸해 보였다. 잘 차려입은 옷맵시에서 잠식된 고독 냄새가 배어 나왔다. 유난히 긴 연휴에 낀 추석날 모습이 이럴 수 있는 걸까 하는 생각을 해보았다. 이러다가는 몇 년 후 우리의 명절 모습도 상당한 변화가 있지 않을까? 그 미래를 생각하니 기분이 자꾸 안 좋아진다.

사랑 앵무

엄마에게도 앵무새를 선물하고 싶었다.

난생처음 앵무새 마을에 따라나설 때 울면서 겨자 삼키는 심정이었다. 반려동물을 들이자는 남편 말을 따르기엔 뭔가가 자꾸 걸렸다. 강아지, 고양이를 키워 봤지만 애정에 따르는 책임은 엄중했다. 사람을 하염없이 다독여주리라 믿었던 정이라는 건, 느닷없이 몇 십 배의 고통을 떠안기는, 얄궂은 심술 같은 거였다. 숨을 놓친 후의 슬픔, 잃어버리고 끝내 못 찾았던 안타까움은 오래전 일인데도 선명하게 되살아나는 아픔이다. 되풀이 할 용기는 남아있지 않았다.

아이처럼 떼쓰는 모습이 철없다가도, 나이 들어 마음 줄 대상이 절실해 보였고 안돼 보이기도 했다. 맡겨놓은 것 마냥 한 번씩 들추는 애기에 안 들리는 척하는 게 능사인 시기는 지난 지 한참이었다. 무작정 사려고만 말고 일단 체험해 보고 결정하라는 타협안을 제시했다.

구불텅구불텅 앵무새 마을을 찾아가는 옆모습에서 그의 소년기를 유추할 수 있었다. 젊어 보이는 것도 모자라 해맑아 보였다. 체험요금으로 지불한 모이에 형형색색 자그마한 앵무들이 꽃잎처럼 날아들었고 그의 처진 어깨와 거친 손은 요술처럼 푸른 나무로 변해있었다. 낯가림 없이 와락 달려드는 모습이 기특해 아찔할 정도였다.

얼마 후 그는 용품이 구비된 새장 속에 코뉴어를 데려와 이유식을 떠먹였고 혼자는 외롭다며 급기야 한 마리를 더 들였다. 갓난아이 손톱만 한 주둥이로 이유식을 떠 넣는 모습은 내가 알던 그가 아니었다. 강한 척해야 살아남는 줄 알던 한 남자가 작은 생명을 상대로 한없이 모성을 시늉하는 광경은 보면서도 믿기지 않았다. 어이없어 웃음조차 버거웠다.

나 또한 허물어졌다. 현관에 들어서면 새장부터 쳐다보고 발이 멈췄다. 어깨에 살포시 날아와 앉으면 아이를 등에 업었던 오래전처럼 든든하고 포근했다. 모이 주고 물 갈아주고 똥 치우고 청소하고 틈틈이 말을 걸어주는 보살핌이 우러났다. 더 정확히 말하면 그러한 헌신적인 행동을 하는 사람을 지켜보는 일이 일상이 되었다. 작은 생명체가 전하는 에너지 덕에 시든 공간엔 생기가 번졌고 엄마에게도 어서 앵무새를 사드리고 싶었다.

탐탁지 않은 것도 모자라 간곡한 거절이었다. 벌써 사가는 중이라고 하니 극구 못 키운다며 정 갖다 놓으려면 화장실에나 놓으란다. 거실 한쪽 새장 놓을 자리를 정리하는 동안에도 못마땅한 기색이다. 안 쓰는 탁자 위에 새장을 들어앉히고 장난감을 달아주었다. 때깔 고운 연 하늘빛에 홀려서 데리고 왔는데, "내가 제일 좋아하는 색이 하늘색인 건 어떻게 알았냐?"며 새장 앞으로 다가앉았다. 마음이 열리는 순간이다. '하늘이'란 이름을 얻은 어린 숨 붙이와 살게 된 엄마는 실로 오랜만에 자식에게 밥을 떠먹이던 아득한 시절로 돌아가 새장 앞에 머물렀을 것이다.

혼자보단 둘이라는 생각도 고정관념일까? 하늘이의 새장이 휑해 보여 연둣빛 매력적 깃털을 가진 새를 데려갔을 때 엄마는 내가 도착하길 기다리고 있었다. 하늘이와 연두의 예쁜 짓이 엄마에게 재롱이 될 것 같은 안심에 푸근했던 날이다.

그날도 아침이었다. 수화기 속 엄마 목소리가 이상했다. 불안정한 음성은 몇 년 전 갑작스러운 아버지의 부음을 들어야했던 그날 아침을 소환했다. "연두가 죽었다."는 목소리 뒤편으로 하염없는 상심이 침몰하고 있었다. 생명이 다한 순간을 이번에도 혼자 지켜봐야 했던 엄마, 황망한 기억이 채 옅어지기 전에 돌이킬 수 없는 짓을 저지르고 말았다. 온기를 지켜 드리고 싶었던 마음이었건만 연거푸 상실감만 안긴 꼴이다. 나갔다 들어오면 적막하던 공간을 가르는 조잘거림이 의지 된다던 마음이 얼마나 안 좋을까. 서로 깃을 부비던 사랑앵무처럼 한 시절 좁은 방에서 몸을 비비던 어린것들은 그들의 둥지를 지켜내느라 고군분투 중이니 참으로 심란한 기간이었다.

마당에만 들어서도 포롱거리는 소리가 들린다. 제법 재재댄다. 녀석들 장난하는 소리다. 얼마 동안 고민하다 노란빛 털을 가진 '노새'를 하늘이의 친구로 데려왔다. 티격태격할 때도 있지만 다행히 둘은 잘 지낸다. 털이 날리고 요란하다며 가끔은 투정하는 엄마에게 "앵무새 마을에 도로 데려다줄까?" 물으니 표정 관리 서툰 엄마는 당황한 기색을 숨기지 못한다. 데려갈까 봐 겁내는 것 같다. 사랑을 주는 데 있어서 멈춰짐을 두려워하는 존재가 사람임을 또 한 번 인정한다. 사랑 줄 대상을 끊임없이 품어가는 게 사람살이라는 걸 저 여린 숨탄것들이 알고 있는 품새다.

톱니의 안전을 꿈꾸며

저녁 한 무리의 사람들이 들어왔으나 준비했던 재료가 간당간당해 사실대로 말씀드리고 보내야 했다. 속상한 일이었다. 장사가 잘되어서 그랬다면 모르지만, 덜 되다 보니 재료 준비도 그에 맞춰 조금씩 해오던 중이었다.

문가에서 혼자 드시던 손님이 "오셨다 돌아가시니 속상하네, 요즘 손님 구경 힘든데…."라며 내 마음속을 들여다보듯 말하셨다. 근처에서 붕어찜과 산채정식 가게를 하시는데 하도 손님이 없어 다른 집은 어떤지 바람도 쐴 겸 나왔다가 들어오셨다고 한다. 인적 드문 청정 산골에서 직접 뜯은 나물과 강에서 잡은 민물고기로 찜 요리를 냈을 때 여행 온 사람들 반응이 너무 좋았고 도시로 나가 식당을 차리라는 권유를 많이 받았다고 한다.

어머니의 손맛만 믿고 아무 연고도 없는 곳에서 창업을 했지만 여러 악재로 여의치 않다는 푸념이셨다. 터놓고 얘기할 친구도 지인도 없다던 그분이랑 이심전심 고충을 이야기하는데 임대료와 인건비 탓에 운영이 힘들어 다른 메뉴를 연구 중이라며 소주잔을 지긋이 기울이셨다. 잠시 나눈 대화가 위로가 될 수 있을지는 몰라도 동병상련의 고통이 어깨를 짓누르던 날이었다.

생길 때부터 산채정식이건 붕어찜이건 꼭 한번 먹어보고 싶은 식당이었다. 남편과 입맛이 달라 아직 방문할 기회가 없었는데 친구 생일날 점심을 같이 먹으려고 문의를 하니 사장님께서 시골에 들어왔다며 영업이 안 된다고 하셨다. 몇 달 후 지인들과 약속이 있어 음식점을 알아봐야 했기에 그 가게를 검색했다. 가게 위치와 음식 설명, 방송에 출연했던 사진 등이 떠야 하는데 나오지 않았다. 다른 시도에 있는 동명의 가게가 자꾸 내 손가락과 눈을 의심하게 했다. 그리고 며칠 후 그 앞을 지나며 임대 문의가 적힌 큼지막한 현수막을 보고야 말았다. 자연산 음식 재료로 그렇게 정성을 다하던 한 가게가 문을 닫았고 힘들어도 버티며 꾸려나가던 사람들이 그곳을 떠났다. 한 번밖에 뵙지 못한 사장님이지만 꼭 다시 뵙고 싶었던 건 왜였을까. 울적한 마음 달래려 들어온 집이 수많은 음식점 중 내 가게였고 모르긴 몰라도 동종업에서 느끼는 비슷비슷한 어려움을 엿보셨을 것이다. 을씨년스럽게 설럭이는 현수막을 보다가 눈을 돌리고 민다. 모쪼록 강건히 지내시기만을 바랄 뿐이다.

세련된 분위기의 ○○고깃집이 간판을 내리는가 싶더니 막바로 젊은 사장님이 ○○간판을 걸었다. 요 몇 년 새 3번째 주인이 바뀌었다. 시기가 힘들지만 열심히 홍보도 하고 할인 이벤트도 하는 젊은 추진력이 부럽기도 하고 의욕이 보기 좋았는데 어느 날 난 눈을 의심해야 했다. 가게 문이 열린 상태에서 주차된 트럭에 집기를 싣는가 싶더니 인부들 몇몇이 내부를 철거하는 모습에 가슴이 내려앉았다. 그 젊은 사장은 학창 시절부터 고깃집에서 알바를 하며 일을 배웠다는 얘기를 들었는데, 그 짧은 운영 기간에 얼마나 많은 손해를 보았을까 하는 생각에 마음이 아팠다. 그리고 오늘 그 자리에서 반짝거리는 또 다른 간판등을 보았다. 다니는 사람들의 발길이 일찌감치 끊어지는 불황이 깊이 밴 현재의 먹자골목은 그 어느 때보다 한산하다. 잘 살아 보려고 시작하는 가게에서 더 큰 짐을 떠안은 채 휘청이는 누군가가 늘어나는 현실이 이 시간을 우울하게 만든다. 가게들 불이 꺼지고 임대 현수막만이 나부끼는 모습을 보면서 속으로 바랄 뿐이다. 어제의 사장님들이 부디 다시 웃을 수 있는 날이 오기를….

아마 오늘 하루에도 수많은 상호들이 새로 생겨났을 것이며 반면에 눈에 익을 만하던 가게들이 갑자기 사라졌을 것이다. 자고 일어나면 보이지 않는 이웃들이 늘어나는 바람에 발 딛고 선 자리가 균형을 잃고 꺼지는 느낌이다.

아무리 경쟁 사회라지만 세상은 결코 혼자서는 살 수 없다. 수천억대의 기계일지라도 사소한 부속품이 없으면 제 기능을 하지 못하는 무용지물의 고철일 뿐이다. 밀어주고 지탱하고 서로 이가 맞아가며 견고하게 맞물리는 톱니바퀴처럼 세상은 돌아간다. 서로의 어떤 힘으로 엮여 공존하는 숲처럼 누군가에게 지탱할 수 있는 힘이 되어야 어울렁더울렁 같이 살 수 있는 생태계가 급속히 무너지고 있다.

누군가 꿈을 꾸며 뭔가를 시작하고 누군가는 꿈을 접는다. 꿈처럼 되지 않았다고 다시 꿈꾸길 포기하는 사람이 늘지 않기를 나는 바랄 뿐이다.

그리운 사람 만나셨나요?

　오월의 시간이 하도 육중했던지라 달력 넘기는 일이 힘에 부칩니다. 저에게도 달력 넘어가는 속도가 더디기만 하던 시기가 있었지만, 언제부턴지 넘기는 시기를 놓치는 일이 빈번하답니다. 해가 바뀐 지 반년이 돼 가는데도 2023이란 숫자는 아직도 낯섭니다. '추억'이라는 허울 좋은 포장으로 소중한 순간들을 앗아가는 시간은 사채업자보다도 몰인정한가 봅니다. 제가 생각하는 어림보다 훨씬 더 매몰찹니다.
　새봄의 지나친 왕성함 뒤에 하루가 다르게 쇠해지는 거목이 계셨지요. 무덥던 오월, 앞다퉈 터뜨리는 꽃무리 저편에서 선생님은 홀연히 새 옷으로 갈아입으셨습니다. 망연히 남은 철부지를 남겨두고 말이에요.

선생님과의 첫 만남이 어제인 듯 선합니다. 뼛속을 들고나는 바람 소리가 제 귀에 들릴 지경으로 허한 날들이었습니다. 무언가에 이끌렸고 거기 가면 살 것만 같아서 향한 곳이 하서문학교실이었습니다. 그리고 얼마 후 모르는 번호의 전화를 받았습니다. 글 읽어보았다고, 열심히 하라며 이북 사투리의 격려를 주셨던 그날을 저는 기억합니다. 수화기를 통해서 흐르던 묘한 파장으로 선생님과 저 사이의 아득했던 간격이 삽시간에 당겨지던 순간이었지요.

이 땅에서 실향민으로 살아오신 선생님의 젊은 시절을 읽는 동안, 시공간을 거슬러 올라 키 크고 훤칠한 청년의 팬이 되었습니다. 일생 펜을 놓지 않고 살아온 글을 통해 이미 가까워져선지 선생님이 어려우면서도 어렵지만은 않았습니다. 무슨 연유인지 모르지만 선생님과 돌아가신 외할머니가 겹쳐지곤 했습니다. 이 세상에서 저를 가장 많이 사랑해 주시고 기특해하시던 분이셨는데 선생님의 음성을 들으며 그 시절을 환기했습니다. 선생님의 그늘에서 수업 들을 수 있는 수요일을 기다리는 사람이 되었습니다. 담백하고 개운한 직설이 때때로 속 시원했지만, 하염없이 낚싯대를 기울이시던 선생님은 누구보다 다정한 어른이셨습니다.

제주 문학기행에서 손수 해주셨던 갈치조림, 하절기엔 흰 고

무신이, 겨울이면 털신이 제 자리를 스칠 때면 슬며시 놓이던 책 한 권, 공심산방 텃밭으로 강낭콩을 뽑으러 오라 하시며 따다가 냉동실에 두고두고 먹으라던 선생님, 기진맥진 늘어지던 불볕더위에 공심산방으로 올라가니 찬물 담긴 욕조에 수시로 들락거린다며 산기슭까지 허허 번지던 웃음소리…, 광활한 우주 속 보잘것없는 점으로 부유하던 제가 선생님과의 촘촘한 인연에 감사할수록 그리운 그림자가 커집니다.

  올봄 하서문학회가 개강하고 셋째 주 수요일, 이영춘 선생님과 뵌 모습이 마지막일 거라는 생각을 누가 할 수 있었을까요. 점심을 같이하며 "이혜복인 내 꼬붕"이라며 너털웃음 지으실 때만 해도 선생님의 은빛 수염이 강직해 보여 좋았습니다. 음성에 호전의 기미가 보여 감사했는데, 지금 생각해 보니 닥쳐올 불안을 강력히 거부하는 제 바람이었나 봅니다. 요양병원으로 가신 후 문병 갈 날을 헤아리는 사이 소천하셨다는 비보에 허청거렸습니다. 균형을 잡아주던 지지대가, 가까스로 버티던 제 공간의 벽면이 무너져 내리는 소릴 들었습니다. 이끌고 다듬고 지켜봐 주시던 어른을 이제 볼 수 없다는 사실이 실감 안 나 무너진 한 귀퉁이로 하루에도 몇 번이나 환청인 듯 환영인 듯 생전의 모습이 어른댑니다. 가시기 전 한 번 더 찾아뵙지 못한 자책이 평생 제 어깨를 누를 숙명을 달게 받습니다. 문을 열 때면 고여

있던 정이 소리 없이 물결치던 대화도서관, 강파른 어깨를 살포시 만지면 만면에 띤 웃음으로 반겨주시던 모습이 떠올라 미칠 것 같습니다.

가셨지만 가신 게 아닌 선생님, 제가 있는 이 자리에서 문 하나만 열면 선생님 계신 곳이라 여기며 마음을 달랩니다. 계신 그곳에서도 아롱이다롱이 기억하시며 응원 주시리라 믿습니다. 궁금해집니다. 그사이 그리던 사람들 모두 만나셨는지요. 어머님 품속에 안기니 서러웠던 순간이 눈 녹듯 사그라지진 않던가요. 사모님에게 혹시 평창 이야기를 들려주셨는지요. 고향의 일가들과 밀린 얘기도 나누시겠지요. '그때 그 사람들' 속 인물들을 비롯한 글벗들과 반갑게 해후하셨는지요.

사랑하는 선생님, 뵙고 싶습니다. 하서문학회 강의실 문을 열고 들어섰던 그날처럼 어느 날 저도 선생님 계신 그곳의 문을 열고 들어서거든 그때도 부디 다감한 음성으로 저를 반겨주시옵소서.

(2023년 문학시대 여름호)

실향시인(失鄕詩人)의 고뇌와 망향가(望鄕歌)
- 김시철 시인의 작품들 중에서

- 들어가며

30년 전 시인은 다음과 같이 말했다. 네 번째 시집 『詩가 안 되는 밤에』를 내면서 적은 말이다.

"참 글도 되게 못쓰는 주제에…." 하고 돌아다 볼 때가 있다. 뼈아픈 이 자성감 때문에 나는 수없이 많은 밤을 지새우곤 하였다. 무수히 많았던 '시가 안 되는 밤'을 붙잡고 파지로 명맥해온 주제가 아닌가 싶다. 우리 주변의 얄팍한 잔재주 따위가 때로는 필요 이상의 평가 속에서 군림 되는 것을 보고는 적잖게 당황함을 느낄 때가 있다. 그렇지만 30년 전이나 30년 후인 지금이나 변치 않는 내 지론이랄까. 그것은 글이란 먼저 솔직해야 한다는 것이다. 그래서 그런지 직유와 직관, 직설이 곧

장 앞서가는 내 詩作法 때문에, 좋게 보면 아주 후련 후련하고 나쁘게 보면 맛대가리가 없는 졸문으로 시종(始終)되곤 한다. 아무렴, 이 시집의 첫머리에 장식되고 있는 自畵像 한 편을 보더라도 넉넉히 짐작될 일이다.

- 1988년 2월 20일 서울 구산동에서

자화상

한 치의 넉넉함도 긁어내었고
실낱같은 직감으로
날이 섰다.

모두들 그렇단다.

살기를 잃는 것으로 메워내고
섬뜩한 것만 얻은
일생

어디 한 구석
피 볼 것도
구부릴 곳도 없는 너는

참으로 부러질 일만 남았구나.

맞는 말이다. 위 시를 읽음으로써 수긍하게 되는 것이 시인의 성향이며, 시인을 소개하는 글로도 부족함이 없다. 얍삽한 잔재주나 미문(美文)에 주력하기는 간지럽기라도 하다는 듯이 그의 시는 적나라하게 직설적이다. 이로부터 정확히 30년이 흘렀을 때 『나의 외갓집』을 제목으로 한 열여덟 번째 시집 서문에는 이렇게 적혀있었다.

    미수(米壽)를 넘기다 보니 주변이 자꾸 허전해진다. 앞서거니 뒤서거니 이승을 떠나는 문우들, 펑 뚫린 구멍 속에 나 혼자 덩그렇게 남아있는 기분이다. 두 번 다시 볼 수 없는 이승에서의 인연, 나 또한 저승에 드는 날 다시 만날 수 있기를 그려보는 마음이다.
    한평생 나는 일관되게 쉬운 시 쓰기를 고집해 온 사람이다. 하지만 그 쉬운 시 속에는 반드시 작자의 목소리 즉 메시지를 담아내는 데 주력해왔다. 볼품없는 글이지만, 한 늙은이의 푸념으로 여기고 일독해 주었으면 고맙겠다.
                      - 2018년 3월 평창 空心山房에서

이쯤 되면 아무리 눈치 없는 사람일지라도 읽어낼 수 있으리라. 김시철 시인은 부러질 우려가 있으면 있었지 휘어지긴 애당초 그른 사람이었다는 걸 말이다.

- 펼쳐 보기

1. 월남 시인 김시철에게서 투영되는 '향수'를 중심으로

1930년 함경북도 성진에서 태어나 1・4후퇴 때 월남한 시인

은 2018년 현재 여든아홉에 이르렀다. 1956년 이산 김광섭 시인에 의해 문단에 나온 이래 구순을 앞둔 오늘날까지도 시의 이랑에서 땀을 훔치는 중이다. 첫 시집 『능금(1956년)』이 나온 이래 2018년 현재까지 열여덟 권의 시집을 발간하였다. 원고지의 그 반듯한 네모꼴 방(房)안, 좁디좁은 그 방 앞에서 영원한 문학청년일 수밖에 없는 시인은 우리 시단의 몇 안 되는 원로임과 동시에 문학사의 살아있는 증인이라고 할 수 있다. 그가 남긴 문단 이면사『격랑과 낭만(1959, 도서출판 청아)』이나 문단인물기『김시철이 만난 그때 그 사람들』은 우리 문학사를 공부하고자 하는 후학들에게 긴요한 자료가 되고 있다. 「한국문학상(1977)」, 「한국문화예술상 대상(1989)」, 제41회 「서울시 문화상 문학부문(1992)」, 제12회 「청마문학상(2012)」 등의 수상은 일평생 시인이 얼마나 원고지를 추종하며 살았는지를 반증하는 성과이다.

  파리해 보이는 봄을 마중하고자 다른 해보다 유난히 혹독하기만 했던 겨울을 겨우 달래서 보냈다. 열여덟 번째 시집 『나의 외갓집』을 상재하기까지 군더더기를 싫어하고 에둘러 표현하는 데 어쩐지 서툰 시인은 육십 년이 넘는 세월을 서정시에 몰두하며 인간사의 희로애락을 어루만지고 다스려왔다고 해도 무방하다. 하지만, 시대의 희생자로서 살아온 그의 시업을 되돌아보았을 때 이번 시집에서는 유난히 향수가 도드라진다는 건 나

혼자만의 생각이 아닐 것이다.

    산이 슬그머니 언덕을 내려서면
    어둠 속에 이내 묻혀버리던
    나의 외갓집

    밤이면 밤마다
    끼웃거리는 짐승들 성화에
    누렁이 두 놈
    낮과 밤을 바꿔 살며
    집을 지켜냈다

    한낮엔 골짜기 사이로
    와르르
    쏟아지는 햇살을 받아먹는
    십여 채 산골 가운데는

    세천어(細川魚)와 가재가 우글거리는
    실개천이 흘렀고
    산 속이라
    해도 참 더디게 뜨더니만
    달도 떴다 싶다간 이내 간 데가 없이
    먹물 같은 밤은 찾아와

    그 밤이 무서운 나는
    외할머니 가슴팍에 머리 박고

잠들어야 했다
외할아버지 새벽 기침 소리에
날은 밝았고
시커멓던 앞산도
다시 살아났다

아무도 모르게
주머니 속에 넣어주시던 외할머니의
삶은 달걀 한 개가
어찌나 꿀맛 같았는지

꿩고기 생각이 절로 나는
겨울 방학엔
매사냥 솜씨가 놀랍기만 하던
외할아버지 꽁무니 따라
훠이-훠이-몰이꾼 노릇으로
날은 그새 저물었다

세월은 흘러 흘러
그때 그 그림 같았던 날들은 이제
희미한 추억일 뿐

6·25로 하여 잃어버린
고향의 하늘
그때 그 아이가 지금 남한 땅에서
미수가 되어 있으니…   - 「나의 외갓집」 전문

북에서의 유년시절 중에서도 어머니의 어머니가 계신 곳, 외가를 회상하는 시가 절절히 가슴에 와 닿는다. 그러다가는 수백 년 갈 것만 같은, 보존 상태 극히 양호한 총천연색 사진으로 담아낸 듯한 사실적 묘사에 이내 놀라고 만다. 눈 감으면 펼쳐지는 아련한 풍광은 수십 년 시인의 기억을 성큼 이동시킨다. 흔히 말하길 몸은 멀어져 있지만 마음은 두고 온 그것에 오래도록 머물러 있을 때 우린 '눈에 밟힌다'라는 말을 쓴다. 물리적으로 어쩌지 못하는 상황일수록 눈에 밟히는 그 정도는 노상 가혹한 법이다.
　외할아버지와 새 몰이를 하던 소년이 홀로 남한 땅에서 미수를 맞게 된 시각, 시인의 가슴은 짜디짠 세월에 삼투압이라도 당한 듯 쓰라리고 저릴 뿐이다. 천만 이산가족이 눈에 어리는 그곳을 가지 못하고 눈에 밟히는 피붙일 만나지 못해 무작정 기다려야 했던 상황은 분단이 민족에게 준 가장 큰 아픔이고, 지금도 아물 조짐은 보이지 않는다.
　성급히 찾아오던 어둠에게 일찍 자리를 내주던 산 중의 외갓집. 『행복한 사람들은 시계를 보지 않는다』라는 은희경의 제목을 잠시 빌리지 않더라도 시간은 자연이 일러주는 규칙이다. 어둠, 낮, 밤, 한낮, 쏟아지는 햇살, 먹물 같은 밤, 날은 밝았고 날은 그새 저물었다 에서 보듯 기억이 머무는 곳의 시간을 짐작하게 해주는 건 해 와 달이며 그걸 번갈아 품어주던 하늘, 다시 말해서 우주이자 자연인 것이다.

산짐승과 물고기, 누렁이 두 놈, 꿩과 매 그리고 사람, 생명 가진 모든 것이 어울리고 더불어서 살아가던 그곳은 일찍이 시인만이 누릴 수 있던 낙원이었고 정서의 뜨락이었다. 바람과는 달리 끝내 고향으로 갈 수 없었던 시인이 결국은 강원도 평창군 용평면 재산리에 공심산방(空心山房)을 짓고 터 잡은 것도 유년의 정서와 무관하지 않을 것이다. 누렁이는 아닐지언정 두 마리의 견공이 여전히 산 중에서 시인과 함께함이 문득 기시감(旣視感)마저 느끼게 한다. 구부릴 줄 몰라 부러질 일만 남았다는 시인은 속정 못 속인 채 발바리를 챙기고, 둘이라 그나마 견딜 만한지 개들은 시인을 지킨다. 변한 건 세상이지 아무것도 변한 게 없다는 듯이.

아무리 문명이 변하고 발전에 발달을 거듭한다 해도 자연을 거스르지 않는 삶은 가볍지 않은 법이다. 생명에의 존중과 교감은 그가 시업(詩業)을 쌓는 토대가 되었다고 보인다. 어둠과 짐승의 공포마저 망각하게 만들던 외할머니의 가슴팍, 삶은 계란처럼 손안에 꼭 쥐어지던 농익은 외할머니 사랑은 살 부비며 감지되는 한없는 애정이다. 감추지 못함이 역력하면서도 내면에 품은 은근한 사랑 또한 짐작이 불가하다. 그런가 하면 '앞산을 깨우던 외할아버지의 기침 소리', '겨울 해가 짧게만 여겨지던 외할아버지 꽁무니'는 살갑지는 않지만 어른으로서 든든한 버팀목이자, 동성(同姓)으로써 전이되는 조손(祖孫)의 끈끈함을 대변한다. 이래저래 외갓집은 세월이 지날수록 또렷이 살아나는 그리움의 본산지이다.

외할머니를 가리켜 '풀솜할머니'라고도 하는 걸 보더라도 유년기에 있어서 '외갓집'이란 무턱대고 내 편임과 동시에 세상에서 가장 포근한 요람과도 같은 곳이다. 지금보다 한 발 앞선 시대에 태어나 성큼성큼 쉬지 않고 걸어야 했던 젊은이로, 두 동강 나 버린 땅에서 그리워할 것만 많아지는 실향민으로, 혼자서 헤쳐 나갈 게 유독 많았던 가장에서 한평생 원고지를 옆에 두었던 시인으로 남은 현재 그의 발걸음은 꿈일지언정 여전히 '외갓집'을 향한다.

사람을 나무에 비유해서 무리가 없다면 고향은 토양이 될 것이며, 혈육의 인연은 뿌리가 된다고 볼 수 있겠다. 자애로움이 도탑기만 했던 유년의 어느 한 지점이, 풍파에 휩쓸릴수록 흐려지기는커녕 지칠 때마다 효과가 극명해지는 생명수액으로 단단히도 시인을 지탱할 수 있었다.

이번 열여덟 번째 시집 『나의 외갓집』을 펼치며, 약관의 나이에 나선 고향땅을 구순을 앞둔 오늘까지 밟지 못한 시인의 심정을 헤아려보지 않을 수 없었다. 시인은 만들어지기 이전에 태어나는 것이다. 수도 없이 잠재워야만 했던 혈육과 고향에 대한 그리움 또한 시인되기를 선택한 자의 숙명으로 편입되었다. 절제와 정제가 앞서거니 뒤서거니 맞물리며 시인의 삶을 단련시켰지만 인간 본연의 회귀성 앞에서는 더 이상 지탱하기가 버거워 보인다. 아슬아슬하니 넘칠 듯 갇혀있던 향수(鄕愁)가 봇물 터진 듯 범람하는데 더는 손 쓸 기력이 남아 있지 않다. 이제부터라도 꽁꽁 싸맨 그리움을 가두지만은 않을 법하니 어찌 보면 다행이 아닐 수 없다. 비록 슬플지언정 노래할 수 있을 때 노래할 수 있음이….

아 분단의 세월 반세기, 사람도 세월도 모두 갈린 남과 북의 갈림 속에 철마는 울어도 달릴 길 없고, 항구는 있어도 뱃길조차 막혔으니 우리는 모두 오가길 속 끓는 실향민 되어서 이 한여름 푹푹 내리쬐는 복더위 때면 '해평 해수욕장' 그 고운 모래사장 해당화가 생각나서, 참말임메 참말임메 나는야 꿈에서만 보재이요 눈물같이 보재이요.
- 「내 고향 성진」 부분

누구에게나 태어난 곳은 있기 마련이다. 일반적으로 그곳을 고향이라고 말한다. 자의든 타의든 그곳에서 처음 보고 겪는 배경과 경험은 한 사람이 살아가는 동안 평생을 조종하기도 하고 지배함과 동시에 일생을 따라다니는 그리움의 주축이 된다. 시인의 고향은 함경북도 성진이다. 바다와 산을 매개하는 중간 중간에 풍년의 기운이 질편한 농성(農城)벌이 있다 싶으면 속이 상하도록 크고 넓어 구경하는 것도 싫증이 나던 제철소가 있다. 스키장과 더불어 온천도 자리해 있던 그곳은 시인의 삶을 지탱해 주는 한편, 그가 평생을 꿈꾸던 종착지였다.

그가 태 묻은 고향은 자연도 자원도 풍부한 곳이다. 호랑이마저 쉬어 넘는다는 마천령, 바다로 겁 없이 뛰어드는 산줄기, 망망대해처럼 펼쳐있던 벌판이 한데 어울려 시인을 품었다. 시인이 선택하여 태어난 곳은 아니지만 한 번도 잊어본 적 없는 그곳은 하늘과 바다를 잇는 산맥과 평원, 천혜의 자연환경은 말할 것도 없고 일찍이 광공업이 발달한 곳이며 교통의 요충지다. 눈 감고도 헤아리게 되는, 눈 깜짝할 사이면 스케치 한 장 뚝딱 할 수 있을 정도로 가깝고도 선명한 고향이건만 시인은 돌아갈 수 없었다. 꿈속이 아니고서는 밟아볼 수 없는 구름 위의 땅이었다.

분단이 갖는 강제성은 생이별을 볼모로 잡았고 육지길 바닷길마저 끊겨버린 인연의 단절은 시인에겐 이승에선 풀 수 없는 딜레마였다. 철마는 울어도 달릴 길 없고 항구는 있어도 뱃길은 막힌 상황 앞에서 점점 빛바래가는 노스탤지어는 두고 온 해평

해변에 머무른다. 홀로 디디고 선 자리에서 간신히 삶을 추스르다가도 시시각각 실향의 아픔이 도지기라도 하면 고운 모래 매만지던 따사로운 촉각마저 끝내는 향수로 귀결되는 통에 시인이 기억하는 애처로운 꽃잎마저 하나둘 이울기 마련이다. 두고 온 것에 대한 아련함, 한자리 피고 지고 또 피어나듯 완치되지 않는 그리움의 영속성을 해당화의 이미지로 상징하였다.

>脈으로 버티시며
>울음 웃으시는
>나무가 있다
>가지 더듬어 내리면
>줄기
>줄기 더듬어 내리면
>뿌리인 것을
>
>깊은 땅 밑둥 속
>숨소리 모두어 죽이신 듯
>風雨를 잠재우시던
>어머님 기침 소리
>　　　　　　－「어머니」부분

영영 돌아갈 수 없으리라곤 생각조차 하지 못했던 시인의 나이가 반백년을 넘었을 때 쓰여진 시다. 강산은 세 번이나 바뀌었을망정 변할 수 없는 것이 어머니에 대한 회한이다. 부를 수 있던 시기는 어처구니없게 막을 내렸지만 그 이유 탓인지 더욱 귀 기울여지는 어머니의 음성이다. 청각과 촉각적 이미지를 아우르게 한 이 시에서, 어머니의 형상은 곁에 계신 듯 모정에 대한 갈망이 정점을 넘어선다. '울음 웃으시는', 어머니를 상징하는 하고 많은 표현 중 이 얼마나 간결하고도 적나라하며 적확한 표현인가. 시인의 기억 속엔 비밀의 방이 있다. 드러내 놓고 슬퍼도 못하면서 차라리 서럽게 웃으시던 어머니만이 문을 열고 들어갈 수 있는 센서로 작동되는, 무시로 그 품에서 무너지고 싶은 만큼 가슴이 따뜻하게 저려오는 방이다.

앞서의 「나의 외갓집」의 외할아버지의 그것과 위의 시 어머니의 그것, '기침 소리'는 표현하지 않아도 심중을 알 수 있던 텔레파시의 수단이다. 멀지 않은 간격, 금방이라도 손이 닿는 거리, 화자의 행동반경에 언제든지 존재함을 알리는 속 깊은 배려이기도 하다. 기침 소리로 대변되던 마음의 교류를 일찌감치 감지했던 소년은 운명이 시키는 대로 시인이 되었다.

시인의 기억 속에는 인내에 익숙한 어머니의 기침 소리가 머물러 있다. 오래 참다 터져 나오는 기침 소리에 비와 바람이 잠들었다고 표현함으로써 드러낼 수 없는 어머니의 통한을 헤아리는 한편 그의 죄스러움을 짐작한다. 참고 참아가며 삶을 사르던 어머니에게 그는 '이산'이라는 또 하나의 숙명을 안겨드려야만 했다.

> 고향 그리운 날은
> 집을 나서 보십시오
> 그래도 그립고 못 견디는 날은
> 정처 없이 헤매다가 돌아오십시오
> 우리 모두 육이오가 남긴
> 삼팔따라지
> (중략)
> 회색빛 안개 속에 아물거리는
> 보랏빛 추억으로 남아 있는 고향
> 정녕 고향 그립고 보고픈 날은
> 길을 나서 보십시오
>
> - 「망향사」 부분

고향에는 나를 기다리는 사람들이 있고 따스한 기억의 온기가 보존되는 곳이며 내 얘기에 귀기울여줄 저녁이 있다. 아무리 세상이 변할지라도 한 사람의 기억 속에서 정서를 키워내고 정신을 감쌌던 고향의 안온함은 평생 일정한 온도로 유지된다. 기쁠 때는 같이 나누고 싶어서, 슬플 때는 위로 받을 심산으로 고향을 떠올린다. 비록 자주 찾아가지는 못하지만 언제고 찾아가 볼 고향이 있다는 사실만으로도 커다란 위안이 되기도 한다.

자의가 아닌 타의로 인해, 갈 수 없는 그 땅에 고향을 두고 온 사람들은 이름만 들어도 서러운 '삼팔따라지'라는 말로 자조하면서도 인정해야 했다. 기약할 수 없는 시간을 소망했지만 기다림의 간절함이 더해갈수록 삶의 나침반은 늘 희망과 상반되는 지점으로 안내했다. 바라면 이뤄질 듯, 손 내밀면 만져질 듯하던 희망이 시인의 나이를 현재로 이끌었지만, 시절이 몇 번 변하고 세태가 백팔십도 바뀌었어도 고향 땅을 밟을 수 없긴 그때와 매한가지다.

세상의 많은 일들이 그를 필요로 하고 아무리 많은 이들이 그를 찾아도 돌아갈 곳이 있지만 돌아갈 수 없는, 길을 알지만 길을 잃은, 가족이 있지만 가족을 볼 수 없는 실향민으로서 느끼는 헛헛함이란 달래기 여간 애먹는 것이 아니었다.

  나는 고향을 잃었습니다
  타의에 의해 본의를 잃었고
  고향도 저를 잃었습니다
  (중략)
  내 아버지가 태어나신 고장
  할아버지의 할아버지께서 태어나신 고장 십칠 대 농성 김해김씨
  문중 역사가 숨 쉬던 고장
  나는 조상도 고향도 모두 잃었습니다
         - 「나는 고향을 잃었습니다」 부분

월남 실향민들에게 고향 상실은 지리적인 것에 국한되지 않는다. 그보다는 자기의 존재와 정신의 근원적인 배경을 말한다. 터전으로서의 무대뿐 아니라, 정신적 뿌리의 정체성, 삶의 동질성, 사회의 소속감마저 잃어야 했다면, '고향도 저를 잃었습니다.'의 부분에서 몸소 체험한 한반도의 당시 상황을 증언한다. 매러디스 빅토리아호에 오를 수 있었지만 극심한 공포를 참아가며 짐짝처럼 떠밀려와 발에 닿았던 피난처에서 시인 역시 만만치 않은 고생으로 삭풍을 헤쳐나가야만 했다. 살아 돌아가기 위하여….

　고향 잃은 시인은 설날이면 북쪽을 향해 차례를 지낸다. 생사를 알 수 없는 부모를 비롯한 조상에게 아흔 다가오는 당시의 청년이 잔을 올리는 시각, 그의 고향에 시인은 존재하지 않는다. 뿌리와의 단절이 타의에 의한 것이라고는 하나 이토록 지속되리라는 생각은 미처 해볼 여력이 없었다. 쓸쓸한 독백을 남기는 시인의 어깨너머로 부치지 못한 하소연이 강을 거슬러 오른다.

　피난지 부산에서 보따리 하나 달랑 들고 무작정 기차 타고 상경해버린 필자는 1년여 동안 별로 하는 일 없이 그저 몇 몇 신문이나 잡지에 투고한 시와 시평들이 여러 편 게재되는 특혜를 누렸지만, 이 초년생에게 원고료 수입이라고는 땡전 한 푼도 없었다. 어쩌면 당시로써는 그것이 되레 정상인지도 모를 일이었다.

　피난지 부산에서는 갖가지 잡일을 해가며 근근이 저축한 얼마간의 비상금도 서울살이 일 년 만에 바닥을 드러낼 즈음 이제 더 이상 어물어물하다가는 밥 굶기가 십상이다 싶어 무엇인가 빨리 호구책을 마련하지 않으면 안 되었다. 주위를 살펴봐야 누구 하나 거들어 주거나 도움 받을 만한 곳은 한 군데도 없었다. 하기사 이북 함경도에서 단신으로 월남한 나에게 그런 손길이 미칠 리가 없었다. 처량한 생각이 들수록 두고 온 고향 생각, 부모님들 생각이 나서 눈물깨나 흘리던 무렵이다.

　누군들 안 그랬을까. 전쟁이 지나간 폐허의 서울바닥에서 알량한 직업을 갖는다는 것도 애당초 바라보기 어려운 노릇이요, 모두 하나같이 생계유지가 막막했던 때라 기댈 데는 물론 뾰죽한 묘책이 따로 없었다. 그렇다고 아무 데나 끼어들어 기식할 만한 곳도 없고, 곰곰 머릴 짜내봐야 결국은 처량한 낙동강 오리알 신세임이 분명했다.

-『격랑과 낭만』(청아출판사. 1999. 52쪽에서 발췌)

나흘 내리 쏟아붓는 폭설이
허리 휘감던
그 밤

북진한 국군은
중공군에 밀려 후퇴를 거듭
그 밤
나는 고향을 떠나야만 했다.

그렇듯 아들 하나 떠나보내야만 했던
어머니는
반세기도 넘게
어찌 지내셨을까
(중략)
가지 못하여 애타고
보지 못해 그리운
그 많은 나날들을 원망하며 어머니는
어찌 다 견디시다가
눈 감으실 수 있었을까

- 「어머니의 한」 부분

1950년 인천 상륙작전을 계기로 38선 이북에 진주했던 국제연합군이 그해 10월 중공군의 전쟁개입으로 철수하게 되었다. 공산주의를 거부하는 많은 주민이 연합군을 따라 남하의 길을 택했다. 그 대열 속에는 오늘날 대한민국의 강원도에서 미수를 보내리라곤 상상조차 못 하던 스물한 살 젊은이가 있었고 어머니와 시인과의 재회는 이번 생에 없었다.

2. 쓴소리를 삼키지 않는 역사의 감시자로

나 하나 담보할 곳은
자나 깨나

나 홀로라는 사실

내가 나를 지켜내는 일
책임질 밖에 없다

나라마저
안전을 보장하지 못할 때의
요즘 같아서는

       - 「안전 불안시대에」 부분

 시인의 삶을 비추는 거울에는 자나 깨나 나 홀로라는 인식이 얼비친다. 자의식 강한 아집이 아닌 살아가기 위한 방편이었다. 진실은 안락을 추구하지는 않는다. 진실의 불편함이 그로 인하여 일상어로 정곡을 찌르게 만든다. 시어라고 해서 알쏭달쏭하거나 난해한 어휘를 취할 이유는 없다. 기도 안 차는 세상, 기가 막히는 현실을 비판하는 몫에서 시인은 빠져나가길 거부한다. 어려울 것 없는 직설적 단어를 축약하여 쓴 소리를 서슴지 않는다.

내일도 개가 할 일은
열심히 오늘을 챙기며
짖어대는 일이다

짖는 개

물지 않는다지만
이빨 다 드러내고 짖을 때만큼은
분명
그만한
까닭이 있다.

- 「짖는 개」 부분

　시인의 최근 작품을 보면 '개'가 많이 등장한다. 개자식, 개판…. 견공이 주인 보고 꼬리 흔드는 버릇은 타고난 습성이다. 하지만 여기서 말하는 개는 주군을 위해 맹종하는 충견이 아니다. 심지어 개가 사람을 알아보는 일은 불확실한 인간들과 동거하다 깨우친, 습득된 분별력이라며 역설적 일침을 가한다.
　민주주의 이념과는 달리 권력 앞에서 늘 '을'의 처지가 되기에 십상이지만 국민으로서 권리를 포기한다는 건 삶을 유기하는 행위이다. '침묵은 금이다.'라는 말이 만사에 통용되는 것은 아니다. 분별없는 침묵은 불의에의 동조이기도 하며 암묵적 묵인이기도 하다. 외면할 수 없는 세상을 사실적으로 풍자할 수밖에 없는 상황이 목숨 내걸고 남하한 화자를 분통 터지게 만든다. 술을 마시는 이유 중의 하나다. 빈 술병이 쌓이는 이유는 근래 들어 잦은 것만 같은데 불의에 둔감하지 않기 위하여 노구의 시인은 오늘도 항변한다.

너무도 자주 나에게 술값을 치르게 만드는
이 나라 위정자들이여
언제쯤이면 이 억울하고도 통분한
요즘 같은 세상을 지워낼 것인가.
　　　　－「답답해서 마시는 술 세월호 참사를 보면서」 부분

갈 길 너무 막막해
내일이 아득한
그마저 가늠할 수 없는 지경에서
보시는 바와 같이
살고 있소
　　　　　　－「내가 살고 있는 나라」 부분

- 나오며

　공산주의 싫다고 뒤로 한 채, 터 잡은 나라이다. 여우 피하려다 호랑이를 만난다더니, 이 나라 가는 방향 종잡을 수 없을뿐더러 위정자들 노는 꼴을 보고 있기 힘들다. 난민이 아닌 지금 기댈 곳이 없다는 것은 과연 누구의 탓인지, 답은 알고 있지만 그 답이 오답이었으면 차라리 안심할 노릇이다. 참으로 막막한 나라에 살고 있음을 부정하지 못하겠다. 실향을 담보 잡힌 채 살고 있는 이 나라에 더 이상 눈치 볼 것 없는 시인의 쓴 소리는 불행하게도 정확히 맞는 말이다.

시인이 살아온 삶은 막막한 그리움의 연속이지만 무심한 건 세월이다. 바라던 이상향에서 너무도 멀리 와 버린 지금에 와서, 세상을 자포자기 하느니 아예 그리움이라도 붙들고 그리워하는 편이 그가 살아가는 방법이라는 걸 이제는 알아버렸다.

    사람도
    사람 같은 사람이 그리워지고
    세상도
    세상 같은 세상이 그리워집니다
    아예 요즘은
    그리움을 그리워하며 지냅니다
                                    - 「그리움」 부분

다시 마주친 삶의 거울 앞에서 시인은 매무새를 가다듬는 대신 본연의 자기 모습을 찾으려 한다. 누적된 생의 더미에서 가려낼 것을 탐색하고 추려낸다. 두리번거리며 버릴 것을 찾는다. 공심(空心)으로 비워낸 자리에 어느새 돌볼 것들이 들어찼다. 식솔인 두 마리의 개, 처소를 둘러싼 야생화 무리, 텃밭의 남새들, 속상하다고 하소연하는 바람과 적적하다며 쉬어가는 구름이 머무는 동안 그는 기꺼이 그들의 말벗이 될 것이다. 까마득한 후배이기도 한 아롱이다롱이 제자들과 함께 문학이라는 배의 노를 저어가는 모습이 김시철 시인의 지금 자화상이다. 삭풍은 시시때때로 불고 잔설은 여전해도 피어야 할 꽃은 피기 마련이다.

自畵像 2

오늘도 나는
주어진 나의 이 시간 안에서
내 시간 밖을 정리하는 작업을 한다

예상되는 일과가 어지러이
머리 짓누르며
쳇바퀴 돌려대는 다람쥐의 버릇 같은
일상의 반복이다

해야 할 일과 버릴 것까지
미리 챙겨놓는 가(可)와 부(否)의
솎아내는 지혜의 연습이랄까
결론은 언제나
곁눈질은 단연코 말 것이며
원점(原點)으로 다시 회귀(回歸) 될망정
길이 아니면 안가는 일이다

비록 이 시간 밖의 내일이
눈부시게 밀려온다 해도
내 분수(分數) 밖에서 날 구하지 않기로 하자.

(2018년 하서문학)